ひとりでも大丈夫

曹洞宗徳雄山建功寺住職
枡野俊明

まえがき

「ひとり」という言葉を聞いたとき、どんなことを思い浮かべますか。きっと多くの人は「ひとりぼっち」や「ひとりきり」「ひとりごと」などという言葉を連想して、なんとなくマイナスの印象を持っているのではないでしょうか。

ですから、ひとりになることを恐れて、いつも誰かとつながっていたいと願う。SNSなどを通して、いつも誰かと一緒にいるという感覚を持とうとする。あるいは「友だち」の数は多いほどいいと信じ込んでいる、ということもあるでしょう。

いつも誰かとつながっているということは、裏を返せば、常に誰かの目を気にしながら生きているということ。常に誰かと自分を比べながら生きているということです。そんな状態に慣れきってしまうと、いつしか本来の自分自身の姿を見失うことになってしまいます。これは、人生を見失うことと同じです。

禅語に「主人公」という言葉があります。これはドラマや映画などで使われている「主人公」とは少し違い、「本来の自分自身の姿」を意味しています。

　人は誰しも、自分自身の中に「仏」を持っていると禅では考えています。

「仏」というのは、「一点の曇りもない本来の自分自身の心」ということです。

　自分はどのような使命を持って生まれてきたのか。自分がこの世で果たすべき役割とは何なのか。一〇〇人いれば一〇〇通りの役割があります。

　そこに思いを馳せるのは、とても大切なことです。その答えは、誰か他の人と比較して得られるものではありません。誰かの真似をして得るものでもありません。自分自身で考え抜いて見つけていかなくてはならないのです。

「これこそが自分に与えられた使命だ」「この道こそが自分が歩むべき人生の道だ」。そう確信できたとき、私たちはそこに本来の自分の命と幸せを見出すことができるのです。

「自問自答」という言葉があります。自らの心に問いかけ、自らの心が答えを出していくことです。これこそ人生において大切なことです。

　そして自問自答をするためには、ひとりになる時間が必要なのです。

　私たち人間は、この世に生まれるときも、この世から旅立つときもひとりです。双子や三つ子で生まれたとしても、同時に生まれてくるわけではありません。どんなに仲の良い夫婦であっても、同時に死ぬことはできません。

要するに人間は、本来ひとりであることが自然な姿とも言えるのです。

ひとりであるのは寂しいことでも、悲しいことでもありません。それは至極当たり前のことです。そうであるからこそ、ひとりの時間を大切に慈しみ、ひとりで考える時間を大事に扱うことです。

ひとりであることが自覚できた人は、自分も他人も幸せにできる豊かな人生を歩むことができるでしょう。

本書は、「ひとり」であることの意味と、その素晴らしさに目を向けてみました。いたずらに世の中の変化に巻き込まれず、他人に惑わされずに自分の人生をしっかりと力強く歩むきっかけになれば幸甚です。

枡野俊明

ひとりでも大丈夫《目次》

第1章　あなたが人生の主人公

第2章　不安に襲われたときは

第3章　ひとりで生きるための人間関係

第4章　「ひとりで生きる」という覚悟

装幀　ツカダデザイン
カバーイラスト　©Taiko Matsuo/amanaimages
編集協力　網中裕之
編集担当　真野はるみ（廣済堂出版）

第1章　あなたが人生の主人公

人生におけるすべての選択は、
自分自身がしています。
それを自覚している人ほど、
自由な人生を送れます。

すべてはあなた自身が選択している

「人生は選択の連続だ」とは昔から言われていることです。職業や結婚相手を選ぶような大きな選択から、日々の細かな選択まで、私たちは常に何かを選んで生きています。

何かを選ぶということは、すなわちその他の何かを捨てることにもなります。小さな例で言うと、ランチに何を食べるか迷うことがあるでしょう。パスタも食べたいけれどお寿司も食べたい。そこでパスタを選べば、お寿司は食べられなくなります。パスタを食べながら、やっぱりお寿司にすればよかったなどと思ったりすることもあると思います。そういう小さな後悔は誰もが経験したことがあるでしょう。

ですけれども、これが自分の人生を大きく左右するような選択であれば、慎重にならざるを得ません。

たとえばどのような職業を選択するか。それは人生を決めるような大きな選択と言えます。その選択はとても難しく、簡単に答えが出るものではありませんが、ひと昔前までの日本では、このような職業の選択で迷うことは少なかったように思います。農家に生まれた子どもは農業に就くことが決まっていました。漁師の家に生まれれば漁師を継ぐのが当たり前。酒屋の息子は生まれながらに酒屋になる運命を背負っていたものです。

要するに職業を選択するという自由は、少なかったと言えるでしょう。自分は絶対に家業は継がないと反発したとしても、ほとんどの場合、家業を継ぎ、結果的に多くの人たちは満足した人生を歩いていきました。

ところが現代は、職業選択がとても自由な時代です。昔に比べると、とても自由で生きやすそうに思えます。それにもかかわらず、人生に満足できない人が多いように感じるのはなぜでしょう。

自分自身が選択するということは、すべての責任が選択した自分に戻ってくるわけですが、この責任を負っていないからではないでしょうか。

もしも選択した職業に向いていなかったとしても、あるいは選択した会社が倒産したとしても、それは誰のせいでもありません。そこを選んだ自分自身の責任です。

成功したときには、自分の選択が正しかったのだと思う。逆に失敗だったときには、その選択を誰かのせいにする。そのように考えている限り、たとえどんなに自分の思い通りにできる環境になったとしても、平穏が訪れることはありません。

自分が選択した責任をきちんと引き受けることが、人生を自由に生きるための基本なのです。

これは、他人に左右されることなく、自分の力で人生を切り拓《ひら》き、創造するということです。そのためにも、自分という人間の本質、自分の軸を知ることは大切で、それが「主人公」としての生き方なのです。

結婚生活が思い通りにならないのも、自分自身の問題

職業選択と並んで、結婚もまた人生の大きな選択のひとつでしょう。

結婚を決意するときは、おそらく「この人とならば人生をともに歩んでいける」と誰もが信じているでしょう。ところが結婚生活を重ねていくうちに、様々な行き違いが起こってくるものです。

「結婚する前はこんな人ではなかった」「結婚する前はあんなに優しかったのに……」と思い悩み、この結婚は失敗だったんだと結論づけてしまう人もいることでしょう。

結婚生活がうまくいかなくなると、ほとんどの人たちはその原因を相手に押しつけます。自分は何も変わっていないのに、相手だけが変わってしまったという思いを持つからでしょう。自分自身が選んだ相手ですが、自分が選んだことさえ忘れて、あたかも降って湧いた災難のように思ってしまう。これもまた「主人公」として生きていないということなのです。

「この人となら、ともに歩んでいける」と信じた自分を思い出してみてください。その気持ちは相手から強制されたものではないでしょう。誰か他の人が決めたことでもないはずです。あなた自身の心が決めたことなのです。

そのときの心を思い出してみることです。そして何よりも、そのときの自分自身を信じることが大切だと思います。

あなた自身の選択を信じることです。自分自身を信じられない人に、相手を信じることなどできません。

そして、相手が変わってしまったと思っている以上に、実はあなた自身が変わっているのです。

人生の中での大きな選択には、良かったと思うこともあれば、失敗したと後悔することもあるでしょう。

しかしそれは、あなた自身が選んだものです。たとえ失敗したと思ったとしても、その選択を悔やむ必要はありません。それよりも、その選択をした自分自身を認めてあげることです。

そして、あなたがそれを選んだときの気持ちを思い出してみることです。そのときの気持ちに偽りさえなければ、その選択はけっして失敗ではないと思います。それもまたあなた自身の人生においては大切な宝物なのです。

常識や世の中のルールは、
必ずしも正しいわけではありません。
まして、あなたを幸せにしてくれる
ものではありません。

社会の常識や物差しにとらわれない

私たちは社会の中で生きていますが、その基本となるのは、社会のルールを守るということです。言ってみれば、常識を大切にして、非常識なことをしないということです。

しかし、あまりにもこの「社会の常識」というものにとらわれ過ぎると、本当の自分自身が見えにくくなることもあると思うのです。

とくに日本人は常識を重んじる傾向があるような気がします。他人に迷惑をかけてはいけない、みんなと同じような行動をしなくてはいけないなど、他人を思いやる気持ちが強いがために、つい社会の物差しに従って生きようとするのではないでしょうか。それは言い換えれば、いつも自分と他人（社会）とを比べながら生きているということなのです。

たとえば、私たちは中学生くらいになるとこう言われます。

「せめて高校くらいは卒業しておかなければいけない」「学校を卒業したら、就職しなければいけない」「いつか結婚して、家庭を築かなくてはいけない」「それが常識なのだ」と。周りの大人たちは口を揃えてそう言います。

要するに人生のレールを勝手に敷こうとしているわけです。目の前に敷かれたレールに何の抵抗も感じないで、その上を走り続ける人もいると思います。それはそれで本人が幸福であればいいでしょう。社会の常識の通りに生きることを否定しているわけではありません。

ただ、常識は必ずしも正解なわけではありません。その通りにしていれば、みな幸せになれるものでもありません。

社会の物差しから外れた人に対して、冷たい視線を投げる人もいますが、それは誰もが心のどこかに、社会の物差しから外れて思うように生きたいという願望があるからだと思います。自分ができないことをやっている者に対して、羨ましいなという気持ちがあったりするのでしょう。いずれにせよ、自分と他人を比べることから、こうした感情は生まれてくるのです。

社会の常識には実態がありません。

もちろん周りの人に迷惑をかけるようなことをしてはいけませんし、周りを不快にさせるような言動は慎まなくてはいけません。それは誰もが守るべき「良識」というものです。

しかし、高校に行くことが常識ではありません。就職することが常識とも言えません。それらは、たまたまそういう人間が多数だというだけで「常識」になってしまったに過ぎません。

もしもそんな常識は自分に合わないと感じるのであれば、自分自身が選んだ道を歩んでいけばいいのです。

持つべきは「世間の物差し」ではなく「自分の物差し」

ある有名な日本画家が、こんなことをインタビューの中で言っていました。

「画家なんかになっても食ってはいけない。絵を描くことなんて趣味で十分だ。いつも周りからはそう言われてきました。でも、もしも画家では食えないと言うなら、世界中から画商は消えているはずです。いまも世界中に多くの画商があるということは、画家として食っている人間がそれだけいるということです」

画家では食べていけないというのは、社会が勝手に決めつけた物差しに過ぎません。そんな物差しに自分の人生を当てはめるのはまっぴらごめんだと彼は思ったそうです。

自分は絵を描くことで生計を立ててみせる。そう覚悟してからは、それこそ寝る間も惜しむほどに絵を描き続けたそうです。自分の画法には合わなくても、お金を得るためにどんな注文にも応じました。たとえ少ないギャランティーでも、絵を描くことでお金を稼ぐ努力を続けたそうです。その努力や才能が花開き、彼は世界にまで知られるような画家になっていったのです。

彼に向かって、若い人たちが言います。

「画家としてやっていきたいのですが、やっぱり画家では食べていけないので諦めます。絵を描くことは趣味にしておきます」と。

こう言う若者に、彼は言います。

「絵で食べていけないということはないよ。画家として生計を立てている人間は世界中にいる。絵では食べていけないのではなく、いまの君の絵では食べていけないということ。本気で画家を目指したいのであれば、その覚悟をしっかりと持つことだ。君の人生なのだから、君自身が決めればいい」

まさにこの画家の言う通りだと思います。

自分が新しいことをはじめようとするとき、周りの反応を気にする必要などありません。自分がやりたいと思った気持ちに正直になることです。

周りの言葉に戸惑うくらいの覚悟であるならば、いっそやめたほうがいいでしょう。

本当に自分がやりたいと思うのであれば、心の底から歩みたいと思う道があるのであれば、堂々とその道を歩いていけばいいのではないでしょうか。

「世間の物差し」ばかりを気にするのではなく、「自分の物差し」をしっかりと持つこと。それが自分の人生を生きるということです。

まず、自分の心に聞いてみましょう。
自分をいちばん知っているのは、
他ならぬ自分自身なのですから。

自分を大事にするとは

「自分を大事にしなさい」とはよく言われることです。至極当たり前のことで、誰もが自分のことを大事にしていると思っていることでしょう。しかし、本当にそうでしょうか。

たとえば、自分の命は自分のもの、どのように扱おうが勝手だと思っている人も多いのではないでしょうか。暴飲暴食を繰り返して病気になったとしても、それは自分がやったことなのだから、他人から責められるものではない、そう考える人たちです。

仏教の世界では、命は預かりものだとされています。

命は自分のものではなく、ご先祖様から延々と受け継がれてきたもので、いずれはお返ししなければならないものだと考えるのです。

自分のものであれば、多少は乱暴に扱ってもいいと思ってしまうかもしれませんが、誰かから預かっている大事なものだとしたら、みなさんはそれを丁寧に扱うでしょう。命もまたそれと同じなのです。

あなたの命は、与えられた寿命が終わるときまで、大切にしなくてはいけないご先祖様からの預かりものなのです。

では、自分の命を大事にすること、自分自身を大切に扱うとはどういうことでしょうか。

それは身体と心の二つの面があると思います。自分自身を心身ともに気遣ってあげることです。そんなことは百も承知だと言うかもしれません。

健康診断の数値を気にして、常に食事や運動に気を遣い、病に罹《かか》らないようにと神経を遣っている人も多いのではないかと思います。

それも大事なことですが、**いちばん大切なことは、自分の身体の声をしっかりと聞いているかということです。**

身体が欲している物をしっかり取り、身体が求めていない物は身体に入れないようにする。当たり前のように思うかもしれませんが、これができていない人が多いように思うのです。

たとえば人間以外の動物は、お腹がいっぱいになれば、けっしてそれ以上の食物を食べようとはしません。目の前に最高の餌があったとしても、満腹であれば食べません。ところが人間は目で食べる動物です。夕ご飯をお腹いっぱいに食べたあとでも、おいしそうなデザートが出されたら我慢することをしません。無理やり胃の中に入れ込もうとしてしまう。そんなことをするのは人間だけです。

お酒や煙草もしかりです。適量のお酒は良いものと言われていますが、飲み過ぎが悪いことはわかりきっています。

つまり、わざわざ病を引き起こす行為を平気でしているということになるのです。人間の身体はとても正直です。身体にとって良い生活をしていれば、必ず身体は元気になります。

私は僧侶ですから、積極的に肉類は食べません。もちろん家族とともに夕食を取るときなどには、多少は食べることもありますが、できる限り食べないよう心がけています。それは僧侶としての決まり事を守るということもありますが、それ以上に私自身の身体が肉食を必要としていないのだと思います。

食べる分量も腹八分目くらいを心がけています。三〇歳を過ぎたら腹八～九分目、五〇歳を過ぎたら腹七～八分目くらいが人間にとってはちょうどよいのです。

そうした食生活のおかげで、私は風邪を引くこともほとんどありません。身体はいつも軽く、海外を飛び回っていてもあまり疲れを感じることもありません。

たまにテレビに出演するのですが、あるとき収録前のメイク室で、メイクの人に「ご住職さんは本当にきれいな肌をしていますね。どうすればそんな白くつやつやした肌になれるのですか?」と聞かれたことがありました。

答えは簡単です。自分の身体の声をよく聞いて生活していれば、肌は自然と美しくなるのです。

いろんなダイエット法を探したり、様々な化粧品を試す前に、まず自分の身体の声に耳を傾けることが大事だと思っています。

自分に無理をさせているのは、自分自身

また、自分の心の声もよく聞くことです。日々の暮らしの中には、心が疲れることもたくさんあるでしょう。まったくストレスのない生活などないと思います。

しかし、あまりにも多くのストレスがたまってしまうと、コップの水があふれてこぼれるように、心の疲れがこぼれてしまうことになるでしょう。そうなる前に、自ら

の心の声を聞いてあげることが大事なのです。

「もうそろそろ限界だ」「もうこれ以上はできない」。もしも心がそう叫んでいるのであれば、いったんその状況から距離を置いてしまうことです。そんな行動を無責任だと言う人もいるかもしれません。それは単なる弱音だと思う人もいるでしょう。それでも私はそうは思いません。

深夜まで仕事をするのは当たり前だ、休日出勤も当然のことだ、仕事とはそういうものだと考える人もいることでしょう。しかし本当にそうでしょうか。何から何まで完璧にしなければいけないと考える人もいますが、本当にそうでしょうか。

いま自分が信じて頑張っているのは、果たして本当に当たり前のことなのか。そしていま、自分の心が求めているものは何なのだろうかと、自分自身の心に問いかけてみてください。

あなた自身の心の声は、結局はあなた自身にしか聞くことはできないのです。いくら他人に悩みを打ち明けたところで、そこに解決策を見出すことはできません。あなたの心を回復させることができるのは、あなたしかいないのです。心を壊してまでやるべきことなどないはずです。

自分の機嫌を良くできるのは、
自分だけです。

感情を受け流す習慣を身につける

一日の中でも、私たちの気分は常に移ろいでいます。とても楽しい気分に包まれることもあれば、なんとなく沈んだ気持ちになることもあるでしょう。浮かんだり沈んだりする気持ち、私たちはそんな感情の中で生きているのです。

喜怒哀楽という言葉があるように、私たちの心はそのときどきで変化しています。さっきまでは楽しい気分に包まれていたのにもかかわらず、誰かのひと言によって一気に気分が落ち込んでしまったという経験は、誰もがあることでしょう。

そして、自分の気持ちが落ち込んだとき、つい私たちはそれを誰かのせいにしてしまいがちです。

あの人が言った言葉によって気持ちが落ち込んでしまった。せっかく楽しい気持ちでいたのにもかかわらず、あの人の行動のせいで一日が台無しになってしまった。自分の気持ちが落ち込んだのはあの人のせいだ……という塩梅《あんばい》です。

たとえ相手に悪意がなくとも、こちらが嫌な気分になることもあるものです。

雲水《うんすい》（禅僧の修行時代）を経験してきた私でも、ときには腹を立てることもあります。禅僧ですから、いつも心が穏やかなのだろうと思われがちですが、嫌な言葉を投げかけられたりすれば、カチンとくることもあります。その感情を大きく表に出すことはしませんが、気持ちが落ち込んだりすることも当然あります。

しかし、私が少しだけみなさんと違うとすれば、それは負の感情を長く引きずることがないという点です。

怒りをずっと心に留めておかずに、さっと受け流すようにしているのです。

この習慣は、坐禅から修得したものです。

私たち禅僧は、修行の身である雲水のときから、毎朝の坐禅を欠かすことがほとんどありません。必ず静かに坐禅を組む時間があります。

坐禅を組むときには無心になれと言われていますが、無心とは読んで字のごとく、何も考えないということです。

つまり、物事を頭に留めないということです。

たとえば、静かに坐禅を組んでいるときにも、頭ではいろんなことが巡っています。

そこで大切なことは、頭に浮かんだものをそこに留めないということなのです。「午前中はあの仕事を片づけよう」などとふと考えたことも、すぐさま頭から追い出すようにするのです。

頭に浮かぶ思考を留めず、流すようにする習慣を身につけることで、執着心から逃れることができるのです。

誰かから言われた嫌な言葉をずっと考え続けてしまい、マイナスの感情を引きずってしまう人もいるでしょう。気分が悪くなるような他人の言動は、すぐさま頭の中から放り出すことです。

「気にしない、気にしない」と、口には出さなくても自分の心で思えばいいのです。

実際、日々降ってくる他人の言葉のほとんどは、あなたにとってはどうでもいいことです。そんなどうでもいいことによって心が乱されるなんて、とてももったいないことです。ニコニコと笑顔を浮かべながら、適当に受け流す術《すべ》を身につけることがいちばんの方法です。

他人の悪意に同調しないためにも、冷たい言葉には笑顔を

同じ出来事を経験したからといって、みんな同じ感情を持つわけではありません。気分が落ち込む人と落ち込まない人がいます。その出来事をプラスに取る人もいるでしょう。

要するに、自分の気分を良くするか悪くするかは、結局は自分自身の心次第ということです。

「和《わ》顔《げん》愛《あい》語《ご》」という禅語があります。いつも柔らかな笑顔と、心のこもった慈しみのある穏やかな言葉遣いを心がけることで、相手の心も自分の心も自然と和らいでくるという教えです。

世の中にはギスギスした言葉が飛び交っています。悪意ある言葉も降ってきます。

しかしそれに同調せず、自分自身は穏やかな心を保つように心がけていたいものです。

それは自分自身のためでもあります。

心ない言葉を投げかけられたときや、気持ちが落ち込むような言動に襲われたとき

には、真正面から受け止めず、笑顔と優しい言葉で返してみましょう。

売り言葉に買い言葉にはせずに、相手の言葉をふわっと包んでみる、という心構えをおすすめします。

言葉というのは、相手に跳ね返されることでどんどん尖っていきます。ですから、たとえ尖った言葉を投げかけられたとしても、あなたがふわっと包んで返してみると、きっと相手はもう棘《とげ》のある言葉は返せないでしょう。

あなた自身が「和顔愛語」を心がけていれば、自然とあなたの周りには優しい言葉と楽しい笑顔が寄ってきます。

そして優しい言葉と楽しい笑顔の周りには、誰もがご機嫌でいられる空気が流れるでしょう。

「何か楽しいことはないかな」と口癖のように言う人がいますが、「もともと楽しいこと」などこの世にはありません。

「楽しいこと」があるのではなく、自分自身が「楽しく感じるか感じないか」です。

楽しさをたくさん感じ取れる自分でいるためにも、いつも笑顔を心がけましょう。

笑顔はすべての人間に与えられた幸せの種なのです。

人は、過去・現在・未来を生きています。
その中でいちばん大切なのは、現在。
いまこの瞬間です。

過去にとらわれない

仏教には「三世《さんぜ》に生きる」という言葉があります。「三世」とは過去・現在・未来のことです。

私たちは三世を生きていますが、その三世の中でも、もっとも大切にしなければならないのは、いまというこの瞬間であることを禅では説いています。

一回呼吸をするとしましょう。息を吸って、そして吐く。息を吸っている瞬間はいまですが、それを吐くときには、もう吸ったことは過去になっているわけです。

このように時間というのは常に移り去っていますから、私たちはいましか生きていないとも言えます。過去にも未来にも生きることはできません。

ですけれども、つい私たちは過去に目を向けてしまいます。過去にはいいことも悪いことも経験しています。そこにとらわれていると、「いま」という時間を生きることができなくなってしまうのです。

過去の失敗は、いまに生かせばいいですし、いまの自分にだけ目を向ければいいのです。失敗をした過去のあなたは、もうここにはいないのですから。

人間は日々変わっています。人間ばかりでなく、この世のすべてのものは移り変わっていきます。これを仏教では「諸行無常」と言います。常なるものなどこの世には存在しない。これが仏教の根本的な考え方です。

「自分を変えたい」と願っている人もいるでしょう。それでもなかなか自分を変えることはできないと思っている人も多いのではないでしょうか。

ですけれども、その悩みは無用のものです。なぜならば、すでにあなたは昔のあなたではないからです。すべてのものが変わっているように、あなた自身も必ず変化しているからです。

五年前、一〇年前と何も変わっていない人間などいるはずもありません。

「自分が嫌い」「自分を変えたい」と言う人は、自分の何を変えたいのかを考えてみてください。きっとその変えたい部分というのは、たいてい変えられることばかりなのではないかと思います。

「もっと明るい性格になりたい」「もっと人づき合いが上手になりたい」「もっとプラ

ス思考になりたい」などではないでしょうか。

明るくなりたいのであれば、明るく振る舞うようにすればいいだけです。もしもそれができないのであれば、それは本気で願っていないのでしょう。

願う気持ちが強ければ、人間はいつでも変わることができます。できない理由を言い訳している間は、過去に縛られているのと同じです。

「いま」から目を背けない

反対に、良い思い出にばかりしがみつこうとする人もいるでしょう。かつての仕事の成功にしがみつき、たったひとつの自慢話を繰り返す上司。「昔は良かった」と遠くを見つめながら話す定年間際の人たちもいます。

そういう話に誰も耳を傾けることはありません。こういう人たちは「いま」という時間から逃げているのだと思います。

いまの自分から目を背けるのは、すなわち自分の人生から目を背けるのと同じです。

還暦を迎えたある女性がこんな話をしてくれました。

「とうとう還暦になりました。鏡を見れば、すっかり老けた顔が映っています。誕生日が近づいてくるにしたがって、気持ちがなんとなく落ち込んでいきました」

そして誕生日がやってきました。二年前に還暦を迎えた夫とふたりで、ささやかなお祝いをすることになったと言います。

「還暦おめでとう！」

とグラスを傾ける夫。

「何がめでたいの？　とうとう六〇歳になってしまったわ。年ばかり取って、もう若くはないのよ」

ついそんな言葉が出ました。それを聞いた夫が言いました。

「何を言ってるの。夫婦ふたりで無事に還暦を迎えることができたじゃないか。六〇年間もふたりとも生きてこられた。こんな嬉しいことはないと思うよ。顔の皺《しわ》の一つひとつは生きてきた証《あかし》じゃないか。だから、僕は心からおめでとうって言ってるんだよ」

その夫の言葉に、女性は心から感謝をしたと言います。そして、たかが皺のことを気にしている自分を情けなく思いました。

昔と比べても何の意味もない。昔の自分に戻ることなどできない。そうであれば、夫が言うようにいまという時間を楽しみながら生きていくこと、これが何より大事なことだと気づいた瞬間となりました。

「年を取ることも悪くはないな」

そう思えたとき、女性の顔には自然と笑顔が戻ってきたそうです。

自分の軸を持つ。
そうすれば、他人の評価に
惑わされることはありません。

他人の目を気にする必要はありません

私たちは社会の中で生きています。無人島で暮らしているわけではありませんから、常に自分以外の他者と関わりながら生活をしています。そういう環境の中では、他人の目をまったく気にしないことなどできないでしょう。ある意味では他人の目を気にするのは当たり前のことです。

ですけれども、「私は他人の目など気にしない。迷惑さえかけなければいいのだから、自由気ままに振る舞いたい」、そんな勘違いをしている人もいます。

少し前に電車に乗ったとき、目の前の若い女性が、座るとすぐにお化粧をはじめました。手鏡で少しお化粧直しする程度ならまだわかりますが、膝《ひざ》の上にお化粧道具をしっかりと並べて本格的にお化粧をはじめたのです。

周りにいた何人かは思わずその女性に視線を向けたのですが、当の本人は涼しい顔をしてお化粧に励んでいます。もちろん電車の中でお化粧をしてはいけないという決まりなどありません。とくに誰かに迷惑をかけているわけではありませんから、それも本人の自由と言えば自由でしょう。

そうだとしても、私はそこに美しさを見出すことはできませんでした。別に彼女に対して腹を立てたわけではありません。迷惑だからやめてほしいとも思いませんでしたが、私はその女性のことを美しいとは思えませんでした。かえって、せっかくのきれいな顔立ちが台無しになっているように思えたのです。

ルール違反かどうかではなく、美しくない立ち居振る舞いというものがあります。それは女性や男性に関わらずあります。

他人から見て美しくない振る舞い。それがどのようなものなのかは、同じ社会に生きる者同士として知っておくことが大事だと私は思っています。

いい意味で他人の目を気にすることで、自分自身の立ち居振る舞いが美しいものになってくるのです。


では本題に入りましょう。不必要に他人の目を気にするとはどういうことでしょうか。どうして私たちは他人の目が気になるのでしょうか。

それは評価や承認に対する欲求があるからです。

たとえば働いていれば、仕事で評価されたいと思うのは当たり前です。評価されたいと思うからこそ、一生懸命に努力をすることができるのでしょう。

ただし、あまりにも評価ばかりにこだわり過ぎると、評価されることだけが目標になってしまいます。評価されるためにはどんなことをしてもいいという意識が働いてしまうのです。誰かを出し抜いてでも自分だけが評価されればいいという気持ちが頭をもたげてしまうのです。それは幸せなことでしょうか。

他人の評価を気にするということは、すなわち他人の価値基準を鵜《う》呑《の》みにすることと同じだと思います。

たとえば出世をしたいと思う人は多いでしょう。それは出世をすることがいいことだという価値基準がそこにあるからです。

もちろん出世を目指して自分自身を高めていくのであれば素晴らしいのですが、ただ出世することだけが目標になってしまうと、何のために仕事をしているのかがわからなくなってしまいます。出世はあくまで自らの努力の結果として、あとからついてくるものでしょう。

自分はどのように働きたいのか、自分の胸に手を当てて考えてみたとき、出世することだけを望んでいるわけではないのであれば、他人の評価などいちいち気にする必要はありません。

自分にとって大切なことは何かを知る

私たちの心は、置かれている環境から大きな影響を受けています。会社にいればその会社の価値基準に影響されることになります。それこそが正しい価値観なのだと知らぬ間に信じ込んでしまいます。そうであるからこそ、ときにはいまの環境から抜け出して客観的に見てみることも大切なのです。

社会や会社の中には、当たり前だとされている価値観があります。上司に口答えしてはいけない、先輩の言うことは聞かなくてはいけない、部署の飲み会には必ず出席しなければならない、出張の帰りにはみんなに土産を買ってこなければならない……。しかし、それらのすべてが正解かと言えば、けっしてそうではありません。もちろん不必要に逆らうことはありませんが、常に自分自身の軸を持っておくことが大事ではないでしょうか。自身の考え方をはっきりと持つことが大事なのです。

大切なことは「自分にとって大事なこと」と「自分にとってはどうでもいいこと」をはっきりと分けておくことです。

大事にするべきことであれば、他人の目を気にしてもいいと思います。反対にどちらでもいいことに関しては、他人が何を言おうが気にすることはありません。

それを決めるためにも、心の仕分けをする時間を持ち、自分の軸を作ることが大切なのです。

情報はあくまでも情報であり、
答えではありません。
答えは、体験して得るものです。

インターネットで得た答えは、正解とは限らない

価値観の多様化とともに、私たちの生き方もまた多様化しています。一〇〇人いれば一〇〇通りの生き方があります。いまでこそ、それは当たり前のことですが、ついひと昔前まではそれが当たり前ではなかった時代があります。

たとえば女性であれば、二〇歳も過ぎれば結婚して子どもを産むのが当たり前。結婚したら仕事は辞めて家庭に入るのが常識。仕事を続けたくてもそれを許してくれない空気がありました。いまの若い人たちにとっては想像もできないことでしょう。

社会が単一化された生き方を求めていた時代です。そして社会に生きる人々もまた、周りと同じような生き方こそが良いのだと信じていました。

いまやそうした単一化の発想はすっかりなくなりました。

自分の人生ですから、自分が思ったように生きるのが当たり前だと、誰しもが考える時代となりました。会社という組織に入らなくても、自分で会社を興せばいいという人も増えています。いくつもの会社を渡り歩くのも自由な時代です。また無理をし

て結婚するという時代でもなくなりました。

多くの選択肢が得られる時代なのだから、自分が思ったような人生を歩けばいいということです。

それはいかにも自由な社会のように思えますが、実はその自由さの中で新たな悩みも生まれているように思うのです。

それは「自分が何をやればいいのかわからない」「自分に向いているものが何だかわからない」という悩みです。

自分が歩むべき道はこれだと自らが確信できる仕事や生き方、そんな確固たるものに出会える人は少ないものです。多くの人たちは、自分に向いているものがわからなかったり、歩むべき道が明確に見えていなかったりするのではないかと思います。

かつて道に迷ったとき、人は何かを求めて行動に移しました。尊敬する人が近くにいれば、その人に教えを乞うこともあったでしょう。自分に合いそうな場所があれば、実際にその場に足を運んでみたり、自分を刺激してくれる人を見つけるために、たくさんの人との会話を重ねたりもしました。とにかく自分の目や手足を使って「何か」を探したものです。

ところが現代には、インターネットが登場しました。

ネットの中には、とても魅力的な生き方をしている人たちが登場してきます。楽しそうな仕事をしている人たち。たくさんのお金を稼いでいる人たち。そういう人たちを見て、自分も同じようになりたいという思いが芽生えてきます。自分の日常をブログに書くだけでたくさんのお金を稼いでいる人もいます。いいな、自分もそうなりたいな。そう思いはじめると、自分もその人の真似をすることで成功できるような錯覚に陥ります。同じようにすれば自分も楽しい仕事ができると錯覚してしまうのです。目の前にある安易な「答え」に心が躍らされます。

しかしそれは、「あなたの答え」ではありません。そこにあるのはあくまでも「他人の答え」です。

自分の目で確かめることもなく、自分の身体で感じることもないものは、幻に過ぎません。

幻を追いかけたところで、どこかに辿《たど》り着くはずはないのです。

「考えること」よりも大切なのは「行動すること」

私が心配しているのは、いとも簡単に「誰かの人生」に乗ってしまうということです。それはとても危険なことだと私は思っています。

自分の歩むべき道を知りたいと思うのであれば、自分の足を使って探しに行くことです。

憧れの生き方をしている人がいるのであれば、講演会などに行ってその人に会いに行くことです。その人の体温を感じることで、きっと大きな刺激を受けることができるはずです。

自分がやりたいことがあるのであれば、思い切ってやってみることです。そこで失敗しても、また自分に合わないと思っても、すべて糧《かて》になるでしょう。

頭の中であれこれ考える前に、行動に移すことが大事なのです。

「冷暖自知《れいだんじち》」という禅語があります。冷たさも暖かさも、自分自身で体験しなければ本当の温度はわからない。本当のことを知るには体験してみるに限ります。何かをつかみ取るためには、自分自身の体験こそが必要であることを説いた言葉です。

インターネットの情報を頭に取り入れることは、けっして「体験」したことにはなりません。それを体験したと勘違いしてしまうのが、現代の危うさです。

たとえばテレビで有名な観光地を何度も見ているうちに、さも自分がその場所を知っているつもりになってしまいます。それは「つもり」であって幻です。

知識として知っていることと、自分の五感で体験することは大きく違うのです。

違う言い方をすれば、体験したものは揺るぎない経験として人生に生きるということです。

人生はときに暴風雨に見舞われることもあるでしょうが、そこから逃げ出すことなく、真正面から受け止めることも大事なのです。ひとつひとつのことを自分自身で感じながら生きていく。それが自分の人生の主人公となる道です。

第2章 不安に襲われたときは

不安になったとき、その問題を
なんとかしようとするより、
感情を共有できる友を
見つけたほうが解決できるものです。

不安を生み出しているのは自分

不安や心配事というのは、誰でも持っているものです。抱えきれないような大きな不安もあれば、日々生まれては消えていくような小さな不安まで、私たちはいつも不安と隣り合わせで暮らしているのかもしれません。

禅では、不安というものは実体のないものであり、自身の心が作り出しているものとしています。

この考え方を表わす有名な逸話があります。

誰もが知る高僧・達磨《だるま》大師《だいし》の有名な話です。インドから中国へ禅を最初に伝え、お釈迦様から数えを受け継いだ二八代目の僧侶です。

あるとき達磨大師の弟子である慧可《えか》という僧侶が、達磨大師の前に座りこう打ち明けました。

「お師匠様。私はとにかく不安に襲われて夜も眠れません。もう自分がどうすればいいのかわかりません。どうすればこの不安を消し去ることができるのでしょうか」

慧可という人物は後に達磨大師のあとを継いで二祖《にそ》となった人物です。そんな高僧である慧可が不安から逃れられずに、思い余って達磨大師に答えを求めたわけです。

悩みを弟子から打ち明けられた達磨大師は言いました。

「わかった。では私がおまえの抱えている不安とやらを取り除いてあげよう」

師匠の言葉に慧可は喜びました。これで私は不安から解放されると。

師匠の次の言葉を待っていると、達磨大師は慧可に向かって言ったのです。

「さあ、おまえが抱えている不安というものを、ここに出してみなさい。そうすれば、私がその不安を取り除いてあげるから」

この言葉で、慧可は悟ったのです。

不安とは実は実体がありません。自分自身で勝手に生み出しているものなのです。

自分の不安を誰かに取り除いてもらうことなどできません。

それを取り除くのは、その不安を生み出した自分にしかできないのです。

この逸話は、仏教で不安を語る際に必ず登場してくるエピソードですが、私たちはそんな実体のない幻に悩まされていると、気がつくことができます。

不安というものは不思議なもので、往々にしてひとりのときに襲ってきます。小さな心配事も、ひとりで考えているとどんどん大きくなってきたりするものです。

夜に不安に襲われて眠れなくなったという経験をした人もいるでしょう。

このようなとき、考えることで出口を見出せるのであれば考えてもいいのですが、考えても仕方がないことに関しては、とにかくいったん頭の外へ追いやるしかないのです。

夜の闇というものは、人間に恐怖心を与え、不安を生み出すことがあります。夜に悩んでいても、翌朝清々しい朝日を浴びてみると、心配が薄れたという経験をされている方も多いと思います。

不安というのはそういう性質があるのですから、夜に、しかもひとりきりでどうにかしようなどと考えないほうがいいでしょう。

深刻にならずに誠実になる

そもそも不安というのは、先が見えないことについて、自分ひとりでなんとかしよ

うと考えるから生じるものです。ですから、思い切って人に話してみることをおすすめします。

言葉にしてみると、それだけで心が軽くなるものです。そして人の意見を聞くことで、実はたいしたことではなかったと気づいたり、深刻に考え過ぎていた自分に気づくこともあるでしょう。

また、話してみると、周りの人も同じような不安を抱えているものです。お互いに不安を隠し合うのではなく、伝え合うのです。

気持ちを伝え合い、同じ感情を共有していると実感できると、相手との関係もきっと深まるでしょう。

不安は、その問題をなんとかしようとすることより、感情を共有し合う相手を見つけることで解消されることも多いと思います。

「まあ大したことではないか。なんとかなるだろう」。そんな気持ちに一瞬でもなれれば、もう不安の半分は消え去ったようなものです。

いちいち深刻に考えてはいけません。大切なのは自分や周りの人にどれだけ誠実に関われるかを考えてみることです。

すると、自然に自分にできることを見つけることができます。自分が何をすればいいかがわかったとき、不安はずいぶん軽くなっていると思います。

自分の本心に気づいていますか。
自分の心に正直になっていますか。
他人に目を向けている限り、
自分の心は見えません。

人の意見を聞く前に自分の本心を聞く

「自分らしく生きていきたい」と、誰もがそう願っているでしょう。

ですけれども、「自分らしさ」とは何なのでしょうか。「これこそが私です」と明確に言える人はなかなかいないのではないでしょうか。

「自問自答」という言葉がありますが、自分自身の中から答えを見出そうとすることは、とても大切なことなのです。

「なぜ私はいま、イライラしているのかしら」

「どうして誰も私の気持ちをわかってくれないの」

このように頭に浮かんでは消える言葉を丁寧に拾って、自分に問いかけてみましょう。

すると、思ってもみない本心が見えてくることがあるものです。たとえば「本当はこれをやりたくなかったんだ」とか「もっとこういうことがしたかったんだ」というように。

多くの場合、人の意見や人の目を優先している人ほど、自分の本心に気づいていないようです。

そういう自分の本心を見つけていくことが、自分を見つけることにつながります。見たくない自分や、受け入れたくない自分に出会ったとしても、すべて自分自身です。良い悪いとか、そんな自分はダメだなどと判断せず、すべてを受け入れることが大切です。

そうして少しずつ自分を受け入れていくことで、自分という輪郭が見えてくるはずです。それこそが、本当の自分です。

何かの問題を安易に人のせいにしたり、周りや環境のせいにするのは簡単なことですが、それを繰り返している限り、問題はずっと問題としてあり続けます。ですけれども、すべては自分自身から生じていることだと知ると、自分はどうしたいか、どうすればいいかという答えに行き着くでしょう。

それこそが、あなたが本当にやりたかったことです。それが見えてきたら、あとは自分の本心に誠実に行動をしていけばいいのです。

行動すれば見えてくる

本当の自分というのは、自分が好きなことや得意なことを見つけることで、出会うこともあります。

そうは言われても、どうすれば好きなことや得意なことを見つければいいのかわからないという人もいるかもしれません。

自分が好きなこと、得意なことを見つける方法は、とにかく自分が興味を持ったことをやってみることです。くだらないとか、自分にはできるはずがないとか、いちいち判断せずに行動に移すことです。

禅の考え方の基本は「禅即行動《ぜんそくこうどう》」です。

あれこれ言う前に、とにかく行動に移す。そうすることで、これまで考えもしなかったものが見えてくることもあります。

もしそれが三年も続いたなら、それはあなたが得意なことなのです。なぜなら、人は不得意なことは長続きしないのですから。

そのためにも、自分の好き嫌い、向き不向きについて、決めつけないことが大切です。

私どものお寺のお檀家さんの娘さんの話をしましょう。その娘さんは、幼い頃から運動が苦手だったそうです。身体を動かすこと自体があまり好きではありません。休みの日には家の中で読書をしたりピアノを弾いたりしながら過ごしていました。それが自分らしい過ごし方だと思っていたのです。

ところが五〇歳になったとき、ふとこれまでの自分を振り返ってみて、少し自分を変えてみたい、と思ったそうです。新しい自分を発見してみたい。何か新しいことにチャレンジしてみたい。そんな気持ちが湧き上がってきたそうです。

そこで彼女は登山にチャレンジしようと決め、三年間も登山スクールに通って、本格的な山登りをはじめたのです。

そこで彼女はいままで接点がなかったようないろんな人たちと友だちになり、静かに生活していた頃の自分とは違う自分を発見していきました。

いまや彼女はすっかり登山に夢中で、年に何度も登山をしに出かけ、険しい谷川岳にも登ったそうです。

「自分らしさ」というのはひとつだけではありません。ひとりの中には、たくさんのその人らしさが宿っています。

自分自身を知った数だけ、それはあると言ってもいいでしょう。まずは自分自身に正直に、誠実に向き合うことからはじまります。

不安に思うことの多くは、
それが現実になったら考えればいいこと。
悩み続けるより、「なんとかなるさ」と
大きな力に委ねることも大切です。

「なんとかなるさ」の心持ち

「将来大きな病気になったらどうしよう」「お金がなくなったらどうしよう」「いまの仕事を失ったらどうしよう」など様々な心配事があると思いますが、とくにお金の心配をしている人は多いのではないでしょうか。

老後は年金だけでは生活できないから、国民は二〇〇〇万円貯金してほしいと国が言いはじめましたから、老後と言えばお金の心配がいちばんかもしれません。

数十年後には会社を定年退職し、その二十数年後には貯金が底を尽きはじめ、もしそのとき大きな病気にかかっていたら……などと考えるときりがありません。またいまの時代、定年まで働ける会社があればいいほうだと思う人もいるでしょう。

六五歳で会社を定年退職したＡさんは、まだまだ働きたいと思い、マンションの管理人として再就職することにしました。以前の会社では管理職だったＡさんは、はじめのうちは仕事内容に満足できませんでした。というのも、掃除が中心で、これまでの仕事に比べたら、あまりやりがいのある仕事とは思えなかったからです。

ところがあるとき、駐輪場の隅がとても汚れていることに気がつきました。これまでの管理人が見落としていた場所です。Ａさんはまずはそこを清掃し、これまでの管理人が気づかなかった場所を探しはじめたのです。

すると、マンションの住民からは感謝の声が上がりはじめました。

「隅々まで掃除が行き届いていて嬉しい」「Ａさんが来てくれるようになってから、マンションの中が見違えるようにきれいになりました」という声です。

次第に住民たちはＡさんに「おはようございます」「今日もご苦労様です」と声をかけるようになり、Ａさんと住民たちの関係はどんどん良くなっていきました。

マンションの管理人という仕事は、だいたい二年で交代するそうですが、Ａさんが交代すると聞いた住民たちは、なんとか交代しないで続けてほしいと管理会社に要望したそうです。それでも会社の規定がありますから、Ａさんは新しいマンションを担当するようになりました。

新しいマンションでも、Ａさんの丁寧な仕事ぶりは同じように住民から高く評価されました。Ａさんもそれに応えるように、もっと住民が気持ちよく過ごせるようにと仕事に精を出したのです。

三件目のマンション業務を終えたとき、すなわちAさんが管理人になって六年が経ったとき、管理会社の本社から話がありました。「ぜひ本社に来て、管理人の教育を担当してほしい」という、思ってもみない話でした。

与えられた仕事に喜びを見つけ、コツコツと励んだ結果、新たな道が切り拓かれたのです。

いまの仕事がなくなったらどうしようと不安に感じている人もいるかもしれませんが、不安はそれが現実になったときに考えればいいのです。

もしその不安が現実になったときは、もう不安とは言いません。そのときは誠実にやるべきことをやるだけです。

そう考えたら、不安は考えても仕方のないことなのです。

大きな流れに身を任せることも大事

「任運《にんうん》自在《じざい》」という禅語があります。

世の中には自分の力が及ばないような大きな流れがあります。

たとえば春になれば草木が芽吹きます。そして秋になれば花は枯れます。この自然の流れを変えることは人間にはできません。

同じように、いくら努力しても結果が出ないこともあるでしょう。何も悪いことをしていないのにもかかわらず不運に見舞われることもあるでしょう。それをいちいち嘆いても仕方がないのではないでしょうか。

大きな流れに身を任せながら、そこでやれるだけのことをやってみること。悲観せず、腐ることなく、大きな流れの中を泳ぐことです。

流れはいつか必ず、変わります。流れが変わったとき、動ける自分でいるためにも、自分の中にある強さを信じることです。

「そうなったときに考えよう。不安が現実になったとしても、まあなんとかなるだろう」。そんな気持ちを持つことが大切なのです。

自分のことを人に任せていると、
人への不平や不満はなくなりません。
そうではなく、自分は人に
何ができるかを考えましょう。

不平や不満を相手のせいにしていないか

最近では、少し前と比べても様々な出会い方があります。とくに男女の出会いと言えば、かつてはお見合いや友人による紹介が一般的でしたが、最近はインターネットで出会ったり、婚活することも珍しくなってきました。

出会い方はどうであれ、パートナーに何を求めるのかは、とても大切なことです。

男性が女性との出会いを求める場合であれば、たとえば同じくらいの年か、少し年下の女性と結婚したいと思う人も多いでしょう。もしも寝たきりになってしまったとしても、結婚相手が世話をしてくれるであろうなどと期待をしているからでしょうか。

また女性の場合は、パートナーとともに過ごす穏やかな日を夢見ることもあるでしょうが、生活の安定を目的にしている人も少なくありません。

このような男女に共通しているのは、相手をあてにしているという点です。

相手が自分に何をしてくれるのか、それを期待しているということです。

他人に何かをしてもらうことばかり考えている人は、何か悪いことが起こると、そ

れを相手のせいにしようとします。

自分がこうなったのは、相手のせい、周りのせいというように、自分の不満やイライラの原因を相手や周りのせいにしてしまうわけです。

このような考え方をしている限り、けっしてその関係は長続きしないでしょう。

なぜなら、人というのは、自分に都合がいいばかりの存在ではないからです。

これは男女に限ったことだけではありません。友人や同僚、家族などでも同じです。

相手が自分に何をしてくれるか、と損得で考えている人は、自分にとって都合がいいときは良好な関係を保てても、そうでない場合はすぐさま「あなたのせいだ」というように、相手を批判、非難してしまいます。ですから結果的に、良好な関係も長続きしないのでしょう。

「何をしてもらうか」ではなく「何をしてあげられるか」

仏教に「利《り》他《た》の心」という考えがあります。

自分の利益ばかりを考える前に、他人の利益になることを考えること。それが回り回って、やがては自分の幸せへとつながっていくという考えです。
「相手が自分に何をしてくれるか」と考えるのではなく「自分が相手に何ができるか」を考えてみるということです。

有名な僧侶、西行《さいぎょう》さんは修行のためにひとり山奥で暮らしていました。誰かが訪ねてくることもなく、ただ大自然の中でひとり悠々《ゆうゆう》と暮らしていたそうです。いわゆる「閑居《かんきょ》」です。西行さんだけでなく、このような生き方を求める僧侶はたくさんいました。

西行さんも、ときには人恋しくなることがあったのでしょう。数か月に一度ほど、山から下りて町中に現われたそうです。そこで市井《しせい》の人々と酒を酌み交わし、楽しそうに笑うこともあったそうです。

ずっとひとりきりで暮らすこと、誰とも話すことなく暮らすのは寂しいこともあるでしょう。しかし、そういう時間を知っているからこそ、人と交わり、心から笑い合えるありがたさを知ることができるのです。

ひとりを生きるということは、他人をあてにすることなく、自分ですべてを引き受けるということです。

それを知っている人こそが、互いを尊重し合える心地よい関係を築くことができるのだと思います。

自分の寂しさは誰かが紛らわしてくれると思っていると、自分に都合がいいときは楽しめるのですが、そうでないときは、不平や不満が湧いてくるものです。

パートナーを求める理由が、自分の寂しさを紛らわすためであってはいけません。結婚したことによって、新たな寂しさを感じることもあるのです。

まず、自分のことは自分で引き受ける覚悟を持つ。そして、相手に自分がしてあげられることに思いを馳せることが大事です。

そういう心を持って、パートナーとの関係を育てることが大切なのではないでしょうか。

他人と自分を比較しても、
自分を見失うだけで、
得るものはありません。

矛盾や不平等を受け入れる

社会の中で生きていると、矛盾と思うことや理不尽だと感じることは多いものです。そういう出来事に出くわすと、自分が信じてきたものは何だったのかと、不安に包まれることもあるでしょう。

私の知り合いの女性、Ｂさんがこんな話をしてくれました。

四〇歳を過ぎたＢさんは、マンションや一戸建ての内装を手掛ける建設関係の会社に勤めています。その会社は社員数が多く、自然と社員同士の競争がありました。Ｂさんは男性社員に負けず劣らず仕事をして、日々の残業や休日出勤など当たり前、上司から命令されなくても、自分から進んで仕事をして実績を積み上げていきました。

三〇歳前後になると、周りの同僚の女性たちは次々と結婚して退職していきましたが、彼女は働いてキャリアを積み重ねていき、四〇歳になる頃には、そろそろ管理職の声もかかるかもしれない、というところまでいきました。

自分の努力がそろそろ報われるのではないか、という期待も湧いてきた頃、社会の風向きが変わりました。

日本は欧米に比べて、管理職に就いている女性が圧倒的に少ないという現状を踏まえ、これからの時代は、もっと女性を重用することが求められると政府をはじめ社会で言われはじめたのです。

各企業が掌《てのひら》を返したように、女性社員の登用に舵《かじ》を切り出しました。可能な限り社会の潮流に沿うように、女性の管理職を増やさなくてはいけない、という動きが生まれたのです。そうしなければ時代に遅れた会社だと思われかねない、という意識からです。

Bさんの会社でも、すぐさま三〇代の若い女性が管理職に登用され、それは会社の宣伝にもなりました。

また、女性は結婚したら退職するという雰囲気も次第になくなり、結婚後も仕事を続ける女性が増えていきました。そればかりか、結婚退職した元社員の女性たちに声をかけ、会社に戻ってきたければ受け入れるということになったのです。

子育てが一段落した元社員の女性たちが仕事に復帰するようになり、中にはBさんと同じポジションで迎えられた女性もいました。

「ふざけるな！」。Ｂさんは心の中で叫んだそうです。

自分はこれまで必死になって仕事をしてきたのです。この会社で勝ち抜いていきたい、その一念から歯を食いしばって頑張ってきたと言います。その努力がすべて無駄になったような気がしたのです。なんと理不尽なことなのだろう、とＢさんは社会と会社に裏切られたような気分に陥り、大きな不安へとつながっていきました。

「こんな矛盾だらけの社会で、私はこれからやっていけるのだろうか」

　このようなＢさんの気持ちはよくわかります。いったいこれから自分は、何を拠《よ》り所として生きてゆけばいいのだろう。そのような理不尽さや矛盾を感じたのはＢさんだけではなく、男性社員もそうだったことでしょう。

　しかし、それは仕方のないこと、と言わざるを得ません。社会というのは矛盾と不平等であふれているのです。

自分だけが損をしたり不平等だということはない

　そんな社会を生き抜くために必要なものは、いったい何なのでしょうか。

いちばん大切なことは、他人と自分を比べないことです。何かと比較することで、人は自分を見失い、やがては本当の自分の姿が見えなくなってしまいます。

選択をしたのは自分だということを、しっかり自覚することです。

誰のためでもなく自分がそれを選んだと確信することができたら、それが自分の道だということです。

人生というのは、すべて自分が選択したものでできています。

理不尽だと思えること、不平等だと思える出来事は誰の人生にもあり、その中で何を選択しているか、それがその人の人生なのです。

すべては自分で選択していると思えたら、世の中がどんなに理不尽で不平等だとしても、確信を持って自分の人生を歩めることでしょう。

時代や社会のせいにしても何も変わりません。自分を変えられるのは自分しかいないのです。

孤独や不安に
飲み込まれそうになったとき、
自分に優しくしてください。
そうした分だけ、
人にも優しくなれる心が育ちます。

弱音を吐くのは恥ずかしいことではない

社会の中で、ひとり取り残されたような気持ちになることがあります。心を許せる人はいないと不安になったり、自分だけが大きな悩みを抱えているような気分になったり……。そして、どうして自分ばかりが不幸や不運に見舞われるのだろうと、ついマイナス思考に陥ってしまうこともあります。

けっしてひとりではないのですが、勝手にひとりぼっちなのだと思い込み、たちまち不安が大きく膨らんでいったりします。

また、たくさんの人の中に放り込まれたとき、私たちは強烈な孤独を感じたりもします。

「こんなに弱っているのは自分じゃない」と思ったり「こんなにクヨクヨしていてはダメだ」と自分を責めてしまうこともあるかもしれませんが、そんなときがあるのもまた人間なのです。

そういうときは、自分と似た人を探してみることです。そして互いの不安を吐き出し合えばいいのです。

「傷口を舐《な》め合う」という言い方があります。これは情けなく弱い行為だと捉えられ、あまり良い使い方はされません。

しかし、私はときに自分の弱さをさらけ出して、互いの弱さを共有することは、弱さを分け合い、強さを生み出すことだと思っています。

弱さはひとりで抱え、解消するものではありません。隠さなければならないような恥ずかしいことでもありません。

自分の弱さを知ることで、人の弱さも理解できますし、人に自分の弱さを言える人は、人の弱さも受け入れることができます。

「わかるよ。私も同じだよ」

そう言い合える関係は、なんと優しさにあふれた関係ではないかと思います。

弱音は、自分の中の優しさ、人の優しさに気づくためのメッセージです。

それができる人が、強くなれるのです。

夢は叶えることが大事なのではなく、
持つことが大事なのです。
目指す道がある人ほど、
生きる力にあふれています。

人生のターニングポイントとは、目指すものが変わるとき

私たちは齢《よわい》を重ねるごとに、漠然とした不安を抱くようになります。健康やお金に対する不安もあれば、社会への不安、人間関係の不安など、昔のように割り切って考えたりすることができなくなる人もいるでしょう。

人生には、学校を卒業して仕事に就いたときや、結婚、離婚、出産、昇進、定年などターニングポイントがいくつもあります。

ターニングポイントとは、簡単に言えば「目指すものを見直す時期」と考えればいいでしょう。

それまで馴染んだ人間関係や環境の中で、目指すもののために日々の生活をしてきたと思いますが、それらを見直す時期がターニングポイントです。

人生のターニングポイントを迎えたとき、大切なことは自らの意識を変えていくことです。

たとえば、会社を定年になったとき、仕事自体を辞める人もいますし、再就職する

人もいるでしょう。趣味を楽しむ生活をする人もいるでしょう。

どのような人生を選んだとしても、目指すものは、かつての自分とは違うのではないでしょうか。

再就職をする人は、学校を出て就職先を選んだときの意識とは、全然違うはずです。

また、趣味を楽しむという生活を選んだ人も、いままでは余暇にやっていたものが、これからは生活の大部分を占めるのですから、関わり方はまったく変わるでしょう。

しかし、いずれも誰かのために、社会のために、自分の経験を生かすことができる年齢になったということです。

ここで大切なことは、「何を目指すか」を考えるということです。

どんな状況でも夢を持つことが大事

みなさんは若い頃にはたくさんの夢を持っていたことでしょう。大きな夢から小さな夢まで、たくさんの夢に囲まれて生きていたのではないかと思います。では、みなさんの夢は叶っているでしょうか。

おそらくは叶った数のほうが、圧倒的に少ないのではないかと思います。まして大きな夢を実現させた人は、ほんのひと握りだと思います。ほとんどの人の夢は叶わなかったのではないでしょうか。それでも多くの人は充実した人生を過ごしてきたと思います。

それはどうしてでしょうか。

夢は達成することが大事なのではなく、実は追いかけるほうが大事だからです。もちろん夢が叶うに越したことはありません。それでも、叶わなかったとしても、夢に向かって進むことが人生を豊かにしてくれるのです。日々を充実したものにしてくれるのです。

人間は夢がなければ生きていけないと私は思っています。叶えることだけが目的ではありません。夢を抱いている、ということこそが重要なのです。

そして、夢を持つことで、不安は薄らいでいくのです。

年齢を重ねるごとに増す不安というのは、まさに夢を失っていくことによるものだと思っています。

大きな節目を迎えたとき、そこに自分の夢はあるでしょうか。

夢を認識して、自分の目指す道が明確になると、自然とやるべきことが見えてくるものです。

夢を持つのに年齢は関係ありません。人生の中に夢を見つけてください。「地域の中で役に立ちたい」「ボランティア活動に取り組んでみたい」「若い人たちと一緒に何かをしてみたい」など、どんなことでもいいでしょう。

こんな社会で夢など持つことはできない、自分は夢など持っている余裕はない、と言う人もいるかもしれません。そういう人たちは、夢は誰かが与えてくれるものだと勘違いしているのです。夢は社会が与えてくれるものだと思い込んでいるのではないでしょうか。

夢とは誰かが与えてくれるものでも、待っていればやってくるものでもありません。自分自身が探しに行かなくては見つからないものなのです。

自分が選んだ道は、
必ず幸せに辿り着く。
そう確信を持って進めば、
その通りになるものです。

どの道を選んでも、すべてあなたの道になる

「大道通長安（大道、長安に通ず）」という禅語があります。

ある修行僧が心に迷いを抱えていました。一生懸命に修行を重ねても、なかなか仏の道が見えてきません。仏の道とはすなわち真理への道を示すものです。

そこで高僧と言われる趙州《じょうしゅう》禅師《ぜんじ》に質問をしました。

「禅師様、道とはいかなるものなのでしょうか？　それはどのようにすれば見つけることができるのでしょうか」

そのときに禅師が答えたのがこの「大道通長安」という言葉でした。

唐王朝の都であった長安には、あらゆる所から人々が集まってきました。長安はあまりにも大きな都であったため、どの町からも長安へ入れる道がありました。つまり、どの道を通っても、やがては長安に辿り着くということなのです。

仏に至る道もこれと同じ。多くの僧侶が真理への道を見つけるために修行を重ねています。修行はそれぞれに違いますが、そんなことは関係がない。心を尽くして一生

懸命に修行を重ねていれば、どのやり方でもいずれは仏の道に辿り着くことができる。自分がやっている修行を信じて歩いていくことこそが大事だということを教えた言葉です。

　私たちの人生もこれと同じです。すべての人が幸せに辿り着く道を探しています。しかし、これこそが自分が歩むべき道だと確信を持てる人は少ないものです。

　この道だと決めても、歩いていくうちに迷ってしまうこともあります。他の道に目移りすることもあります。あるいは途中に分かれ道があれば、どちらを選ぶか迷ってしまうこともあるでしょう。人生の道のりとはそれほど単純なものではないのです。

　まずは、余計なことを考えずに、いまやるべきことに集中することです。目の前の仕事をひたすら一生懸命にやってみる。

　そうして日々、目の前のやるべきことに向き合っているうちに、あなたの後ろには立派な道ができているはずです。

「もっと別の道があったはずだ」「違う方法を取ればよかった」と考える必要はありません。迷いながら歩いてはいけないということです。

　他人の歩く道ばかり気にしていると、せっかく自分の道にきれいな花が咲いていても見逃してしまいます。

どの道を行けば幸せになれるのかと悩むのではなく、これが自分の選んだ道だと信じることが大切です。

人生に正解も不正解もありません。言うなれば、あなたが選んだその道は、すべて正解だと言えるのです。

その結果、「大道通長安」ということになるのでしょう。

たとえいまは暗く細い道だったとしても、必ずや光が当たるときは来ます。急に広々とした道に出ることもあります。暗く細い道が一生続くことはけっしてありません。それと同じように、いつも光にあふれた明るい道が続くこともまたないのです。

ですけれども、自分が信じて選んだ道であれば、どの道を行っても、必ず幸せに辿り着く。それが人生です。

第3章

ひとりで生きるための人間関係

あなたの中で、絶対に変えられない
ところはどこでしょう。
それを無理に変えてまで、
つき合わなければならない関係は
ありません。

自分が譲れないものを知る

人間は生まれるときも死ぬときもひとりです。それは真理ではありますが、生きている間はけっしてひとりではありません。

人間関係から逃れられないとすれば、悩みを生み出す関係よりも、喜びを生み出せる関係を築いたほうがいいに決まっていると思うのです。

良い人間関係が、人生を豊かにするのは間違いないでしょう。

ですけれども、実際には悩みの中でいちばん多いのが人間関係でもあります。

私たちは、つい自分より、相手のことにばかり目を向けてしまう癖があります。

最初に会ったときから「この人はどんな人なのだろうか」「どんな性格なのだろうか」「自分と価値観や趣味は合うのだろうか」、果ては「自分はこの人のことを好きになれるだろうか」などと、自分のことを忘れて相手のことだけを注視してしまいます。

そして、もしもその人との関係がうまくいかなかった場合には、すぐさま相手のせいにしようとするのです。相手の性格が、相手の言い方が、相手がこうしてくれないから……という具合です。

このような考え方でいる限り、良好な人間関係を築くことはできません。

相手のことを見るのではなく、まずは自分自身を見つめてみることです。

まずはじめに、自分自身を客観的に振り返って、四つに分けてみてください。

一番目は、絶対に変えることができない自分、けっして譲ることができない自分はどんな部分でしょうか。

二番目は、変えようと思えば変えることもできるけれど、できることなら変えたくないと思う自分はどんな部分でしょうか。

三番目は、その気になれば、いつでも簡単に変えることができる自分は、どんな部分でしょうか。

四番目は、自分でも変えたほうがいいと思う自分は、どんな部分でしょうか。

まずは自分の気持ちや考え方、ついしてしまう行動などを顧みて、自分自身を仕分けしてみてください。

これは、客観的に相手との関係を判断する際に役立ちます。関係性を変えるきっかけを、相手に求めるのではなく、自分に求めるということです。

三番目と四番目は、自分で気づけたのですから、積極的に変える努力をすることです。とくに四番目は、意地など張らずにすぐに変えてみることです。

ただし、一番目と二番目は無理をして変える必要はありません。とくに一番目の「絶対に変えることができない自分」を安易に変えようとすれば、それこそ自分自身を見失うことにもなります。

けっして譲れないと思うことは、たとえ相手が誰であっても譲る必要はありません。

たとえば会社などで、自分が大切にしている信念まで変えるよう強要されることもあるかもしれません。いかに上司の命令であったとしても、それは安易に従ってはいけないと私は思います。仮にその上司とぶつかることになったとしても、その大切なものは守らなければならないと思うのです。

これは相手が友人でも夫婦でも同じことが言えるでしょう。

無理につき合わなければならない関係はない

大事なことは、相手にもこの一番目と二番目があるということです。相手の一番目と二番目も尊重すること。それができなければ良い関係など生まれるはずもないのです。

これまでのあなたの人間関係を振り返ってみてください。親友と呼べる人、心から尊敬できる上司や同僚、あるいは恋人や夫婦。それらの関係の中でもっとも大切なことは何でしょう。

それは、お互いの一番目を尊重し合うということです。

さらにもうひと言加えるならば、一番目が決定的に違う相手とは、無理をしてつき合う必要はないということです。

もちろんわざわざぶつかり合うこともありませんが、適当な距離を保ちながら、表面的なつき合いをすればいいのです。

人づき合いに悩む人や、自分は人づき合いが苦手だと思っている人に共通しているのは、誰とでもうまくやっていきたいと考え過ぎることです。要するに八方美人になろうとしているということです。

そして、みんなに合わせようとするあまり、変えたくないと思っている自分を我慢して変えたりしているのです。

そんなことを繰り返していれば、いつまで経っても本当の人間関係を築くことはできないでしょう。

もう一度自分自身を振り返ってください。そしてあなたの「一番目」を大切にしてください。

笑いたいときに笑い、
泣きたいときに泣き、
話したいときに話す。
それが「ありのまま」の姿です。

ありのままの自分とは身軽なこと

人間関係を複雑にしてしまう大きな原因のひとつに、つい見栄を張ってしまうことがあります。

たしかに見栄というものは、多かれ少なかれ人間の心にあるものでしょう。自分をもっと良く見せたい、そしてみんなから認められたい、という心です。

そんな見栄を実現させるために、向上心から努力することもありますから、必ずしも悪いことばかりではありません。

しかし、単に他人から認められるための見栄は不要です。みんなからうらやましがられたい、すごいと言われたい、一目置かれる存在だと知らしめたいというような見栄からは、すぐにでも自分を解放することです。

ある三〇代の女性がこんな話をしてくれました。その女性が住んでいるのはいわゆる高級住宅街です。女性の家はごく普通のサラリーマン家庭ですが、周りのママ友たちには裕福な人が多く、たまたまつき合いがはじまったそうです。

週に三度は、三〇〇〇円もするランチを一緒に食べるママ友です。はじめのうちは見栄を張って参加していましたが、ばかばかしく思えてきたので、ある日、ついに勇気を出してランチ会を断りました。

「どうして来られないの？」と聞かれたとき、彼女は正直に答えました。「うちは三〇〇〇円のランチを食べる余裕はないの」と。

それがきっかけとなって、その後はママ友のランチ会に誘われることはなくなったそうです。

ところが、その女性の話はそれで終わりではありませんでした。彼女がランチ会を断ってから数日経ったとき、同じランチ会に参加していた一人からメールが来ました。そこにはこう書かれていました。

「実は私も三〇〇〇円のランチを食べる余裕なんてなかったの。でもそれを知られたくなくてつき合っていたの。でももう私もやめにします。今度はコンビニのコーヒーでもテイクアウトして、公園でお話ししませんか」と。

以来二人は一〇〇円のコーヒーを飲みながら、公園で楽しい時間を過ごしていると言います。

不要な見栄を持つことで、自分で自分の首をどんどん絞めている人は多くいます。

大切なのは、ありのままの自分でいることです。

いずれ見栄を張っているとばれてしまうものです。人にばれなくても、自分自身にはばれています。自分に嘘をつけばつくほど、自分を隠すための鎧《よろい》が増えていくだけで、心はどんどん重くなる一方です。

ありのままの自分は、心が身軽です。

笑いたいときに笑い、やりたいことはやって、気が乗らないときには笑顔で断れる。

そういう身軽な心を持っている人こそ、ありのままに生きていると言えると思います。

見栄を張らずに自分という玉を磨く

「玉不磨無光（玉は磨かざれば光なし）」という禅語があります。すべての人は、必ず宝石を持っているものです。それは磨けば光る原石のようなものです。しかし、その原石も磨く努力をしなければ、単なる石で終わってしまいます。自分の中の原石を見つけて、それを磨くことが肝要なのです。

見栄というのは、自ら持っている原石を磨くこともせずに、宝石だと誤魔化しているようなものではないでしょうか。

自分を大きく見せたいと願うのであれば、自分自身が大きくなるような努力をすることです。もっと評価されたいと願うのであれば、評価されるような実績を重ねることです。

ありのままの自分で生きることは、とても気が楽だと気づいてください。

そんなあなたを受け入れてくれる人は必ずいます。いまの自分を評価してくれる場所は必ずあります。そう信じて、日々自分自身を磨く努力をコツコツとすることが大事なのです。

人から好かれる方法はなくても、
嫌われない方法はあります。
それは、笑顔で挨拶をすることです。

好かれていることと、その人の評価は別のこと

周りのみんなから好かれたい。みんなから嫌われたくない。そういう気持ちは誰にでもあるものです。嫌われるよりは好かれているほうがいいに決まっています。

しかし、あまりにも好かれたいという気持ちが強すぎると、自分自身を苦しめることにもつながっていきます。

まずは考えてみてください。どうしてあなたはみんなから好かれたいと思うのでしょうか。どうして嫌われたくないと思うのでしょうか。

よくよく考えてみると、実は勘違いしているのかもしれません。

つまり、好かれているということは、すなわち自分が評価されているのだと。

それは大きな勘違いです。

他人からの好き嫌いと自分の評価は、何の関係もありません。

評価は客観的なものであり、好き嫌いはあくまでも感情的なものなのです。たくさんの人から好かれている人は評価が高く、反対にみんなから嫌われている人は評価が

低いという考え方はできないということです。

まず知っておきたいことは、好き嫌いとは感情の問題ですから、数字などで計ることはできません。

そして、好かれるための方法など存在しないのです。

たとえば、人から好かれようとしたとき、どのような行動をとるでしょう。

目の前にいる人に好かれたいと思ったとき、多くの人はできるだけその人の話、その人の性格に合わせようとします。その人の気分を害さないように、心地よい言葉や褒め言葉を投げかけるでしょう。

もしその人の言っていることが違っていると思っても、適当に話を合わせようとすることでしょう。

その人から何かを頼まれても断ることはできないでしょうし、やりたくないと思っていることでも、好かれたいという一心でやってしまうこともあるでしょう。

そんなことを繰り返していると、いつしか自分自身を見失うことになってしまいます。

自分の気持ちより他人を優先し、自分の機嫌より他人の機嫌を取ってばかりいると、

だんだん自分で自分を認められなくなったり、自信を失ったりしていくものです。

また、そんな関係が長続きするはずはありません。相手からすれば、何でも言うことを聞いてくれるあなたは、単に都合のいい人くらいにしか思えないからです。

「あの人はいい人だ」という言葉を聞きます。もちろん言葉通りの場合もありますが、ほとんどの場合は「自分にとって都合のいい人」という意味のほうが強いのではないかと思います。

人に好かれたいと頑張ってしまう人は、自分の周りの友だちについて、考えてみてはいかがでしょうか。

その人は、本当にあなたにとって必要な人でしょうか。

お互いに信頼し合っているでしょうか。

その友だちは、あなたのことを高めてくれる人でしょうか。

このような視点で見てみると、実は好かれようと頑張る必要がないとわかるかもしれません。

嫌われても、自分ではどうしようもないことと割り切る

実は、好かれるというのはとても難しいことですが、嫌われないというのは意外に簡単なことなのです。

まずはきちんと笑顔で挨拶をすることです。

朝会ったら「おはようございます」と笑顔で挨拶をすることです。それ以上の会話をする必要はありません。もしも相手が「今日は寒いですね」と話しかけてきたら、「本当に寒いですね」とひと言答えればいいだけです。話を無理やり膨らませる必要はありません。

もうひとつは、余計なぶつかり合いを避けることです。

相手が自分の考えと違うことを言ったとしても、「なるほど、そういう考え方もありますね」と受け流せばいいだけのことです。

自分の主張を通すのは、本当に重要なことだけで十分です。そういう意味では、日常会話においては大抵はどちらでもいいことばかりです。

自分では嫌われない行動をとっているつもりでも、どうしてかあなたのことを嫌う人もいるかもしれません。でもそれは、相手の問題です。相手の感情が生み出しているものなので、どうしようもありません。あなたの問題ではなく、相手の問題と割り切ることです。

いずれにせよ、本当に心が許せる友、生涯を通してつき合える友は一人か二人いれば十分です。三人もいるとしたら大変幸せなことです。そんな友を大切にすることです。

ご縁は、つながる準備をしていた人が、
つかむことができます。
色眼鏡で見ていると、ご縁を見失います。

ご縁をつかめる人と、つかめない人

私たちはご縁があってつき合いがはじまりますが、ご縁とは何でしょうか。

仏教では「ご縁は誰のもとにも平等に訪れる」と考えられています。つまり「縁がない」とか「縁が遠い」という人などいないということになります。

自分のところに流れてくる縁をつかめる人と、見過ごしてしまう人の違いです。

ではどうすればご縁をつかむことができるのでしょう。

このような逸話があります。同じ場所に、二本の梅の木がありました。春になって、花が咲く時期になりました。ところが一本の梅の木は花を咲かすことができましたが、もう一本の梅の木は花を咲かすことができませんでした。

どうしてそんな差が生まれてくるのか、仏教ではこう考えます。

「春が近づき、そろそろ花を咲かせる準備をしている梅の木は、暖かくなったその日に花を咲かせることができるのです。一方で、まだまだ春は遠いと、花を咲かせる準備をしていない梅の木は、花を咲かせるタイミングを逃してしまう」と。

人のご縁についても同じことが言えます。

結婚にたとえれば、良い人が現われたらご縁を結ぼうと常に心を準備している人は、そのご縁と出会ったとき、つかむことができます。反対に「早く結婚したい」と口では言いながら、その心構えをしていない人は、たとえ素晴らしいご縁がやってきたとしても、結ぶことはできません。そして一度逃してしまったご縁は取り戻すことはできないのです。

ご縁を結べる人は、流れてくるご縁に、常に準備をしている人ということです。

ご縁というのは、いいご縁ばかりではありません。結んではいけない、結ぶ必要のないご縁もあります。そのようなご縁とつながる人は、そのような心構えをしていたと言えますし、どのご縁とつながるかは、自分次第なのです。

「他人の目」や「思い込みの目」で人を見ない

良いご縁とつながるために大切なのは、色眼鏡で人を見ないということです。

自分の思い込みや他人の噂、先入観で人を判断しないということです。

先入観を持ったまま人を見ると、その人との関係性は、知り合う前にすでに作られてしまうので良いご縁にはつながりません。

「みんなからいい人（嫌な人）と言われているから、そうだろう」「あの人はなんだかいい印象（悪い印象）がある」「立派な人（大したことない人）に違いない」「私を嫌っている（好いている）のかも」などというような先入観は、ほとんどの場合、間違っていることが多いと思います。それにもかかわらず、一度先入観で人を判断してしまうと、簡単にはそれを取り去れないので厄介なのです。

人間のイメージとは実に複雑で多様なものです。

たとえばひとつの行動を優しいと感じる人もいれば、鬱陶《うっとう》しいと感じる人もいます。それぞれが違う感性を持っているわけですから、受け止め方も人それぞれで当然です。ですから、そういう人の噂や思い込みで判断してしまうのは、とてももったいないことです。

「悟無好悪（悟れば好悪無し）」という禅語があります。

先入観を持つことなく、その人のあるがままを見つめることができれば、好き嫌いなどなくなってしまう、という意味です。

好き嫌いという感情は、相手が生み出しているものではありません。

あなたの中にある自分や相手への思い込み、勘違いなどから来る感情が生み出しているものなのです。

自分の気持ちに正直で、余計なものにとらわれることのない心。それこそが人間本来の姿であると、禅の世界では考えられています。

色眼鏡で人を判断していると、同じように自分自身のことも色眼鏡で見てしまうことになるでしょう。あなたはいま、余計な色眼鏡をかけていませんか？

いつもそこにありながら、
邪魔に思うこともなく、
それがなければ生きてはいけない存在。
そんな空気のような存在が、
夫婦ではないでしょうか。

「夫婦」という単位はない。「ひとり」と「ひとり」の関係

昔に比べて離婚を選択する夫婦が多くなったと言いますが、とくに熟年夫婦にその傾向が顕著だと聞きます。顔を合わせたくもない相手と一生ともに過ごす必要もないと思いますから、選択肢が増えたのは自然なことなのかもしれません。

しかし、結婚そのものを誤解している人も多いように思います。

たとえば、お互いに一〇〇%わかり合いたい、わかり合えると信じたいという気持ちがあるのではないでしょうか。

その思いを持っている限り、きっとケンカも絶えないことでしょう。

他人と一〇〇%わかり合うことなど、しょせんは無理だと知ることです。

これは諦めでも冷酷なことでもありません。

人間はそれぞれに自我を持っているのですから、たとえ親子であっても一〇〇%理解できるはずはありません。

だいたい、自分自身は自分のことを一〇〇％わかっているでしょうか。自分でもわからない自分がいるものです。自分で自分のことがわからないのですから、相手を理解できるはずはないのです。

これはとても当然のことですが、わかり合えると信じている人は「裏切られた」とか「こんなはずじゃなかった」「どうして理解してくれないの？」などというような言葉をぶつけることになるのでしょう。

一〇〇％わかり合うことなど、しょせんは無理なことだと、早くに気づいた夫婦は、適当な距離感で相手と向き合おうとします。

「お互いに六〇％くらいわかり合っていればそれでいい。残りの四〇％はわからないまま放っておけばいい」

互いにそう思える夫婦は、波風を立てることなく穏やかに過ごしていきます。

私は、互いに空気のような存在になることが、夫婦円満の唯一の秘訣《ひけつ》なのだと考えています。空気とはいつもそこにありながら、邪魔に思うことなく、そしてそれがなくては生きていけないということです。

そして、夫婦は互いに「ひとり」だということを自覚することです。

ひとりになるということは、互いの時間を尊重し、干渉するのをやめることです。「夫婦」というのは、ひとつの単位ではありません。「ひとり」と「ひとり」が、ともにいるということを忘れてはいけません。

定年を迎えた夫婦がいました。ご主人は六〇歳を過ぎたら故郷の九州で暮らしたいと思っていましたが、奥さんは生まれも育ちも横浜です。友だちもいない九州に行きたくはありません。

夫に故郷で過ごさせてあげたいという気持ちもありますが、一緒には行きたくない、と考えていました。

夫婦で話し合った結果、ご主人だけが九州に移住することを決めたのです。

この夫婦はとても仲の良い夫婦です。お互いに尊重し合っていますから、自分の考えを押しつけたりすることもありません。だからこそできた決断と言えるでしょう。

夫婦だからと言って、同じ家に住まなくてはいけない、一緒にいなければならないということはないと思います。別々の暮らしをしながらでも、お互いにその存在を感じてさえいれば、夫婦であり続けることはできると思うのです。

夫婦は「ふたり」ではなく、「ひとり」と「ひとり」であることを忘れないことが大切ではないでしょうか。

孤独は、自らの心が生み出すもの。
孤立は、いつの間にかその状態に
陥っているものです。

ひとりは孤独ではない

いつも予定が埋まっていなければ不安になるという人がいます。休みの日に予定が入っていなければ、無理やりにでも予定を入れて満足するという人です。

ですけれども、その予定は果たしてあなたの心を満たしてくれるものでしょうか。

ただただ、ひとりになることが怖くて、孤独感を味わうことを避けるために埋めた予定ではないでしょうか。

孤独になるのは嫌だと言う人がいますが、孤独とは、そこにあるものでもなければ、何らかの状態を表わしているものでもないのです。

また、孤独とは、ただ単純にひとりでいるということでもないのです。

孤独とは、心が感じていることです。たとえ周りに大勢の人がいたとしても、孤独を感じることもあります。逆にひとりきりで家にいたとしても、心の中で温かなつながりを感じていることもあります。

自分の心が孤独だと感じれば孤独になり、別に孤独だと思わなければ、それは孤独

ではないということになります。

孤独とは実体がないものなのです。

休日に家の中でひとりきりでいること。誰とも会わずにひとりで過ごすこと。それを孤独だと捉えず、この時間をどう過ごすか、と考えることが大事ではないかと思います。

時間の使い方は、命の使い方です。

自分の命を孤独にするか、自由で何かを生み出すものにするかは自分次第ということです。

恐れるべきは孤独より孤立すること

恐れるべきは、孤独になることではなく、周りから孤立することなのです。

孤立とは、心が感じるものではなく、いつの間にか陥ってしまう状態です。

「孤独死」などという悲し過ぎる言葉がありますが、人間は旅立つときは誰しもひとりです。孤独の中で死んでいくのです。それは恐れても仕方がないことでしょう。

本当に恐ろしいことは、孤立の中で死んでいくことではないでしょうか。

孤立とは、人を自ら排除することで生まれます。

人が自分を排除したのだと言いたい人もいるかもしれませんが、すべての状況は自分が作り出しているということを忘れてはいけません。人のせいにし、社会のせいにするのは言い訳に過ぎないのではないでしょうか。

そして、孤立はいとも簡単にやってくることを知っておく必要があるでしょう。

知り合いの女性編集者がこんな話をしてくれました。あの東日本大震災の日、彼女はたまたま会社を休んで、自宅のマンションにいました。急いで夫と息子に連絡を取ると、幸いなことにみんな無事だと確認ができたので安心したのですが、今度は自分のことが不安になってきました。夫と息子が帰ってくるまで、ひとりきりです。テレビからは悲惨な光景が流れてきますし、自分が住んでいる町、住んでいるマンションの人たちがどうなっているのかもわかりません。

彼女はそこではたと気がつきました。このマンションや住んでいる地域に、状況を聞けるような知り合いがひとりもいないということに。

自分はいつも誰かとつながっている。仕事でいつも多くの人と関わってきたので、そう信じて疑わなかったのです。

しかし、いざ会社を離れたら、自分には声をかけ合うような知り合いがひとりもいませんでした。長年同じ町、同じマンションに暮らしているにもかかわらず、そこにはたったひとりの友だちもいないことに気づいたのです。そのとき、彼女は恐ろしくなるような孤立感に襲われたそうです。

職場はいずれ去るときが来ます。連れ合いに先立たれることもあるでしょう。子どもたちもいつかは独立していくことになります。自分自身で何もしなければ、孤立は簡単にやってくるものです。

そうならないために、生活の中にある小さなご縁を大切にすることはとても大事なのです。日々の温かな挨拶と笑顔は、孤立から救ってくれる早道なのです。

「利他」の心を持つ。
自分が損をしないためではなく、
人に何かをしてあげたいという心を持つ。
そんな心が、温かなつながりを作ります。

損得勘定で考えているから不平不満が生まれる

人間関係を「ギブ・アンド・テイク」と表現することがあります。与えたり、与えられたりしながら人間関係は保たれている、という考え方です。

しかし、最初から見返りを求めて人に何かをしてあげたとしたら、それはただの損得勘定です。

何かにつけて自分のやったことと、相手にしてほしいことを天秤にかけていると、いつの間にか「あなたのためにこれをしてあげたんだから、これくらいはしてくれるはず」と期待したり「こんなにしてあげたんだから、それをしてくれるのは当然」と思い込んだり、はたまた「なんでやってくれないの？」という憤《いきどお》りとなって、人間関係に不平不満を生み出す種となってしまいます。

仏教の世界に「利他」の精神があります。まずは相手の利益になることを考えるということです。

自分の利益が先にあるのではなく、まずは相手にとって良いと思うことをしてあげ

ることです。

このような「利他の心」こそが、人間関係を豊かなものにすると教えています。

「無功徳《むくどく》」という禅語がありますが、これは達磨大師と梁《りょう》の武帝との間でなされた問答の中に出てくる言葉です。

梁の武帝が達磨大師にこう問いかけました。

「私はこれまで、たくさんのお寺を作ってきました。そして、そのお寺で多くの人たちを出家させてきました。ひたすら仏教のために尽くしてきたという自負があります。これほど尽くして、自分にはいったいどのような功徳があるのでしょうか」

要するに、これまでたくさんのお寺を建てたり、仏教に尽くしてきたが、その見返りはどのようなものなのかと尋ねたわけです。

この武帝の問いに、達磨大師はたったひと言で答えました。それが「無功徳」という言葉だったのです。

つまりは、見返りなど何もないということです。

達磨大師は、「無心無作《むしんむさ》」こそが、禅の考え方の基本であることを教えようとしたのです。

自分が行う行為、誰かに対して行う行為は、すべて無心から生まれるものでなくてはいけない、策略や計算があってはならない、という教えです。

見返りや報酬を期待するのではなく、ただただその人のことだけを考えて行うということです。

そのような純粋な心から生まれた行為こそが美しい禅的考え方であり、そういう生き方こそが清々しい生き方なのだという答えでした。

この達磨大師の言葉は、利他の精神の美しさと大切さに気づかせてくれます。

日本には「お返し」という習慣があります。自分の畑の作物がたくさん採れたときなどに、ご近所の人たちにおすそわけをすると、おすそわけをいただいたほうは、次の機会にお返しのおすそわけをします。「もらったからお返しをしなければいけない」という義務感やルールはありませんでした。

ここで大事なのは、やり取りするのは「物」ですが、それはお互いの「心」のやり取りでもあった点です。

こちらは魚を三、四匹もあげたのに、相手からのお返しは芋一本だけだった、などと考える人はいなかったでしょう。

心のやり取りがある限り、寂しさや孤立感はなかったのだと思います。

互いにおすそわけをしながら、ご近所さんとつながっているからです。

これこそが「無功徳」であり「利他の精神」だと思います。

損得勘定で相手に何かを求めることは、自分自身を生きづらくしていることと同じなのです。

相手に「期待しない」という優しさを持つ

「うちの夫は家事も手伝ってくれないし、子育てにも協力してくれない」。そんな不満を聞くことがよくあります。もちろんいけないのは家事や育児に協力しない夫のほうです。しかし、夫が手伝ってくれないことに腹を立ててばかりいると、自分が気持ちのいい清々しい時間を過ごすことはできません。

そうであるならば、はじめから求めなければいいのです。夫が手伝ってくれないのであれば、もう自分でやろうと決めてしまうことです。

実際、手慣れてない夫に家事を教えるより、慣れている自分がやってしまったほうが早く済みますし、教えたり注意したりしてイライラするのもなくなります。

はじめから相手に期待をしなければ、がっかりすることもイライラすることもないのです。もし手伝ってくれたならば、それはありがたいことと受け取ればいいだけです。

そう考えると、他人に求めないということは、自分にも相手にも優しくなることではないでしょうか。

そして、相手のために何ができるかと考えることで、家庭も社会もすべての人間関係が豊かなつながりになっていくのではないかと思います。

第4章
「ひとりで生きる」という覚悟

正確な知識を得るために努力するより、
自らの五感を研ぎ澄ますほうが、
自分にとって生きた情報になります。

そもそも私たちは、生きるための知恵を授かっている

仏教の世界では、何をするときにも必ず右回りが基本になります。地球の磁力に従っている右回りを順転とし、反対の左回りを逆転と言いました。

仏教はご存じの通りインドで誕生しました。インドという国は北半球に位置します。この北半球では磁力の影響で、すべてのものが右回りになります。もちろんこれは日本も同じです。

たとえばお風呂の水を抜いてみてください。浴槽の栓を抜くと、勢いよく水が流れていきますが、その流れは必ず右回り、つまり順転の渦になります。反対に南半球では左回りになります。

北半球に暮らしている私たち日本人にとっては、「右回り」が自然に逆らわず、抵抗が少ない状態なのです。

電車に乗ったとき、進行方向に向いて座ったほうが、逆に向かって座るよりも身体が楽だと感じた経験はないでしょうか。それと同じで、自然に従って生きることが人

間にとっては良いことなのです。

「北枕」という習慣がありますが、仏教では人が亡くなったとき、北を枕にして寝かせる習慣があったので縁起が悪いと言われてきました。とくに信心深い人ほど、北枕で寝ることを嫌がるものです。

しかし、実はそれはまったく逆の考え方なのです。北半球では北に向かって磁力が働いています。つまり北を枕にしたほうが自然な状態なのです。むしろ、北枕のほうが頭が涼しくなって身体にはいいとされていますし、眠りが深くなるとも言われています。

亡くなったときは、せめていちばん眠りやすいように枕を北にしてあげたい。そんな気持ちが北枕の習慣を生み出したのです。

私たち人間は、大自然の中から様々な知恵を授かってきました。

科学の発達していない時代にあっても、人間にとって心地よく、そして効率的な方法を本能的に感じていたのでしょう。

農業にしてもそうです。現代の暦は太陽暦を使っていますが、これは西洋から入ってきたもので、かつての日本は陰暦を使って暮らしていました。

たとえば、お茶農家では「八十八夜」に茶葉を摘みます。この「八十八夜」というのは、陰暦の立春から数えて八十八日目で、この時期は虫が動き出し、草木が芽吹く季節だからとも言われています。

暦など見なくても、昔の人たちは身体で季節を感じ取り、自然の叡智を受けながら生きていました。

このように、私たち人間はそもそも素晴らしい知恵をすでに授かっているのです。

頭につめ込んだ知識より大切なもの

人間には知識と知恵があります。どちらも生きていく上で大切なものですが、現代は知識ばかりに目が向いているように思うのです。

知識というのは、言ってみれば科学的な情報です。たとえば毎日流される天気予報があります。宇宙衛星から送られてくる雲の画像などを分析し、これまで蓄積された情報と照らし合わせて予想をしています。科学的な根拠に基づいて予測しているのですから、予報が当たる確率は高いものだと思います。しかし、あまりにも科学に頼りすぎていると、人間が本来持っている能力が忘れ去られてしまうこともあります。

私が子どもの頃は、雨の確率が六〇%などという明確な情報ではなく、とても曖昧なものだったように記憶しています。「今日の天気は晴れのち曇り、ところによりにわか雨」などとアナウンサーの人が言いますが、いったい晴れなのか曇りなのか、はたまた雨が降るのか、「ところにより」とは、いったいどこのことなのか、子どもながらにそんな疑問を抱いたものです。

そのせいで、あまり信用できない天気予報よりも、自分の五感を信じていました。雨が降り出す少し前には、雨の匂いがします。空気が湿ったような独特の匂いを感じるのです。この感性は年を取ったいまでも忘れていません。雨の匂いを鼻で感じ、半そでから出た腕の皮膚が湿気を捉える。すると一時間もしないうちに雨が降ってきます。私と同年代の人にそう言うと、みんな頷《うなず》いてくれます。小さい頃に養われた感性が身についているのでしょう。

ある漁港に、漁師を引退した一人の老人がいました。その老人は毎朝必ず海の様子を眺めに行きます。若い漁師たちは、船を出す前に必ず老人のところにやってきて尋ねます。

「じいさん、今日は船を出しても大丈夫か」

テレビでは科学的な分析がなされた天気予報が報じられているわけですが、それを見てもなお、若い漁師たちは必ず老人のところにやってくるのです。

「今日は夕方から荒れてくるから、なるべく早く港に戻ってきなさい」

老人は漁師たちに言います。

天気予報では、一日中天気が崩れることはなく、海も荒れることはないと告げていました。それでも漁師たちは老人の言葉を信じて、早めに港に戻ってくると言います。なぜなら、老人の言葉の通りになると知っているからです。

これが、人間の知恵というものです。科学的な根拠などなく、どうしてそうなるのかも説明できないでしょう。

直感や虫の知らせという言葉があるように、自分なりの経験、自分にしかない感覚から導き出された知恵は、ときに科学の力も及ばないような高度な判断をもたらしてくれるものです。

人間が本来持っている能力を失うことは、けっして幸福なことではないと私は考えています。

人の話や世の中の情報を鵜呑みにして、いたずらに不安に思ったり、怒りや悲しみに支配される前に、まず自分の経験からどう考えるか、それを心鎮めて自分に問うのはとても大切なことです。

あなたという存在は、
死んでもなお生き続けます。
どんな思いを、誰の心に遺せるか。
それがあなたの生き方です。

人の命はどこまでもつながっていく

家などの建築材を伐採するための最良の時期は、一一月の新月の日、しかも引き潮のときと昔から言われてきました。なぜなら、その日は一年の中でもっとも引力が弱いため、木が水を吸い上げる力が弱く、よって水分量が少ない腐りにくい材木となるからです。つまり建築材に適した木材ということになります。ですから、夏に伐採した木のように水分を多く含んだ木は、時間をかけてゆっくりと水分を抜くことで強さを増し、長い年月に耐えられる木材になっていきます。

このような木材で建てた家は、樹齢一〇〇〇年の木であれば、その建物も一〇〇〇年もつ、と言われています。世界最古の木造建築と言われる法隆寺は一三〇〇年の歳月を経ていますが、時間をかけた丁寧な仕事が施されていたからです。

このような木で建てられた木造家屋は、数世代を通して住み続けることができますが、最近では三世代以上の同居世帯は珍しくなってきました。核家族が当たり前になり、住居は木造建築から鉄筋マンションに取って変わりました。

しかし、家族形態がどのように変化しようとも、私たちは間違いなく両親や祖父母、また多くのご先祖様から多くのものを受け継いでいます。

生き方や生活の知恵もそうですが、何よりも命をいただいて、いまを生かされています。ひとりの人間には、何千人、何万人、何百万人というご先祖様がいるのです。誰かひとり欠けても、自分という存在が生まれることはありませんでした。そう考えると、いまここに生きているというのは奇跡的なことと言えるでしょう。

ひとりの人間の一生は八〇年足らずです。どんなに長く生きても、せいぜい一〇〇年。歴史の中で見れば、それはとても短い時間です。しかし、自分が死んだからと言って、命はそこで終わるわけではありません。

身体はこの世から消えたとしても、自分の命は、生きた証となって周りの人の心に残るのです。

あなたがどう生きたか。それが人の心に残る

あなたは自分が大切な人たちに何を遺せるか、考えたことがあるでしょうか。

財産と言う人もいるかもしれませんが、財産というのは結果に過ぎません。それよりも、あなたという命を遺すことが大切だと思います。

つまり、あなたの思いであり、生き方です。

それらが遺された人たちの中で生き続けているとき、あなたという命は、どこまでもつながっていくのです。

「巖谷栽松（巖谷に松を植える）」という禅語があります。

臨済禅師の師である黄檗《おうばく》禅師が、ごつごつした岩場が続く道を歩いていました。すると弟子の臨済禅師が、かたい岩場に一生懸命に松の苗を植えていました。それを見た師が臨済に尋ねました。

「こんな岩場に苗を植えても、うまく育つはずはないでしょう。もしも育ったとしても、松が大きくなるのは五〇年後ですよ。あなたはその松を見ることはできない。それを知っているはずなのにどうして植えているのですか」と。

すると臨済は答えました。

「これは自分が見るために植えているのではありません。後世の人たちのために植えているのです。こんな岩場ですから、うまく育たないかもしれません。だからと言って植えることを諦めてしまったら、この山から松はなくなってしまいます。私は未来を信じて松を植えているのです」

とても含蓄ある言葉だと思います。私たちはどう生きるのか。それが自ずと問われる言葉であると思います。

結果を遺すのではなく、生き方を遺す。

誰かの心に残るような行動を心がけていくことで、自然と人は人の中に生き、命はつながっていくのです。

身の回りの物も、
あなたの周りにいる人も、
あなたの人生を
豊かにしてくれるものでしょうか。

身の回りにある物が教えてくれるあなたの人生

誰にでも死は訪れるものですが、死というものを、どれほどの人が意識して生きているでしょうか。死について考えることは不吉だと嫌う人もいるようですが、避けられるものではありません。

私たち人間にとっての唯一の真実。それは、生きる者は必ず死を迎えるということです。

そして、死は突然にやってきます。だからこそ、死を意識することは、すなわち生を意識するということです。死を心に留めておくことで、私たちは生の喜びに気づくことができるのです。

いつか訪れる死も含めて人生だと考えてみると、自然と生き方が見えてくるように思います。

死を意識したとき、最初にやるべきことは不要なものを捨てること。あの世に逝くときには身軽でいることがいちばんです。

身の回りにある物を眺めたとき、自分自身が本当に必要だと思う物は、どれほどあるでしょうか。心身を豊かにできる必要な物は、どれほどあるでしょうか。

多くの場合、見栄や執着から買った物がほとんどだと思います。自分を偽り、執着や見栄で買い揃えた物が、心身を豊かにすることはあり得ません。もしあったとしても、それは一瞬のことです。

心身を豊かにする物というのは、自分自身を深く理解し、自分の人生を生きはじめたときに必要な物です。

人というのは、自分自身を見失っているときはつい見栄や執着に振り回され、物欲を満たすことで安心を得ようとしてしまいます。しかし、物欲にあふれた人生が、心の安寧を生み出すことはないのです。

それを踏まえて、私は何かを買うときには三種類に仕分けをして考えます。

一番目はどうしても必要な物です。二番目は、あれば便利ですが、なくてもなんとかなるという物。そして三番目は、いまは必要ではない物です。

実際に買うのは一番目だけです。二番目と三番目は、ほしいなと思っても買うことはありません。それらは遠からず「捨てる物」になってしまうからです。

身の回りを眺めてみて、自分の生き方が、そのまま身の回りの物となって現われているると考えてみてください。目先の欲や見栄で買った物ではないでしょうか。不安やストレスの解消でついつい買ってしまった物ではないでしょうか。

身の回りにある物を見れば、これまでの自分の生き方がわかるように思います。

人生を豊かにする人と物に囲まれる

不要なものは、物だけではありません。人とのつながり、ご縁もあります。

私たちは多くのご縁を結びながら暮らしていますが、これらのご縁もまた、自分の人生を豊かにするものかどうか、一度整理してみることをおすすめします。

「ひとりで大丈夫」と心から思える人は、信頼できる人間関係を育てていける人だと思います。そういう人は、取り立てて人間関係に不安や不満、悩みを持つことはないでしょう。

一方で、確かな信頼関係を育てられない人は、「このままではいけない」と不安や不満を抱き、それを解消するために人とつながり、そしてまたその関係に不安や不満を募らせてしまう、という悪循環に陥ってしまいます。

しかしそうだからといって、わざわざ縁を切ろうとする必要はありません。「もうあなたとはつき合いません」などと言う必要は、まったくありません。そんな角を立てるようなことをしなくても、縁というものは、お互いに何も行動を起こさなければ、自然と消滅していくものです。

もし長くつき合っている友だちがいれば、その人との関係を思い起こしてみるといいでしょう。その関係が長く続いたのは、お互いがその関係を続けるための行動をとってきたからです。

もし関係を切りたいと思っている人がいるなら、この反対をやればいいだけのこと。あえて連絡をとらなければいいのです。年賀状もいっそやめてしまえばいいではありませんか。

何も行動を起こさない。そうすれば、人のご縁は自然に遠ざかっていくものです。

物もご縁も、自分の人生を豊かにするものかどうか、そういう視点で見極めてみてはどうでしょう。そう考えるだけで、人生はとても身軽になるように思います。

自分の正しさを押しつける前に、
自分は人の意見を受け入れているか、
考えてみましょう。
人を批判することは簡単なのです。

自分の正しさを押しつけない

インターネットを通して自分の考えや意見を世の中に伝えることが、いとも簡単に行えるようになりました。自己表現が簡単にできるというのは、現代社会の特徴のひとつでしょう。それは素晴らしいことではありますが、そこには危険も潜んでいます。大して深く考えずに発信したことが大勢の人の目に晒《さら》され、ときに誹謗中傷《ひぼうちゅうしょう》に発展するなど、トラブルを招くこともあります。また、自分が良かれと思ってした行動が、思わぬところで非難を浴びることもあります。

幼い双子の赤ん坊を育てているお母さんが、こんな投稿をしました。

「双子を乗せるベビーカーは大きいので、バスに乗ると邪魔にされます。バスに乗る前にベビーカーを畳むように言われますが、ふたりの赤ん坊を抱えたままで折りたたむことはできません。結局は双子の赤ん坊はバスに乗ることさえできないのです」

この投稿は賛否両論を生みました。「バスに乗っている人が少し手を貸してあげればいいのに」という意見もあれば、「大きなベビーカーは迷惑だ。子どもが歩けるようになるまで我慢すべきだ」という意見もありました。

これはバスだけのことでなく、通勤電車でもよくある議論です。ただでさえ混雑している車内ですから、そこにベビーカーを乗せるのは非常識だという考えの人もいます。しかし、職場に行く前に保育園に預けなくてはいけないなど、どうしても混み合った電車に子どもを乗せなくてはいけないという人もいることでしょう。

みんなが自分勝手な意見をインターネット上でぶつけ合います。それは議論をするというものではなく、単に自分と違う意見を持っている人たちへの攻撃がほとんどです。そのやり取りを見るにつけ、心が寒々としてくる思いでした。

いろんな考え方があってもいいと思います。しかし、自分の考え方だけが正しいわけではないということを認識しておくことが大事ではないでしょうか。

相手の意見に耳を傾けずに、自分の考え、自分の正しさだけを押しつけようとする傾向が強いのです。そんな風潮がインターネットの出現によって加速しているような気がするのです。

「自分ならどうするか」という想像力が大事

どうしてこのような誹謗中傷社会になってしまったのでしょうか。それは、「お互い様の心」が失われてしまったからだと私は思っています。

物事の捉え方というのは、置かれた立場によって変わります。同時にいまの自分が置かれた立場や環境によって、自分自身の考え方は作られています。

たとえば幼い子どもがいる人であれば、バスにベビーカーが乗ってきても迷惑には感じないでしょう。その赤ん坊の姿を見て我が子を思い出す人もいるでしょうし、また母親の姿を見て、自分の子育てを思い浮かべる人もいるでしょう。ところが赤ん坊とは無縁の世界で暮らしている人からすれば、子どもの泣き声もベビーカーも迷惑にしか思えません。

相手の身になって考える。他人事だと思わないで、自分のこととして考えることです。

自分が迷惑だと思っている誰かの行為は、かつては自分もやっていたことかもしれないのです。

相手の言動を責める前に、自分ならばどうするかを想像してみることが大事ではないかと思うのです。

世の中は「お互い様」です。迷惑をかけ合い、お互いにそれを許し合いながら私たちは生きているのです。

誰かを批判するのは簡単なことです。すぐさま否定するのではなく、その人の立場になって考えてみることです。たとえば子どもが通う学校の決め事がおかしいと感じたら、すぐさま抗議の電話をかけるのではなく、一度立場を変えて考えてみることです。親の立場で考えれば反対したくなることも、先生の立場に立てば理解できるところもあるでしょう。

立場を変えて考えてみるという想像力は視野を広げ、そのような想像力が持てる人は、無意味な衝突を避けることができるのです。

これは世の中のすべてに同じことが言えるでしょう。総理大臣が何らかの方針を打ち出したとしましょう。それが自分の意見と違っていたり、自分に不利益な方針だったとき、一気に批判に走る人がいます。批判するのは簡単なことだからです。

しかし、その政策によって救われる人もいるでしょう。その政策を決めた背景もあるでしょう。「もしも自分が総理だったらどうするか」、そんなところまで想像力を働かせることができれば、批判だけしていることがいかに楽なものか、そしてそれは何も生み出さないということがわかるように思います。

みんなが少し想像力と当事者意識を持つことで、「お互い様」の社会を取り戻すことができるのだと思います。

インターネット社会は、言うなれば「言いっ放し」の世界です。自分の言葉に責任を持つことをせず、まるで憂さ晴らしのような言葉を書き込んでいるのがインターネット社会と言えるかもしれません。

そのような社会は、どんどん得体の知れない不安に包まれていくことになるでしょう。それはまさにインターネットという幻想が生み出した不安とも言えます。

自分の身の回りのすべてを、いかに自分のこととして考えられるか。それが優しい人柄を作り出し、優しい社会を作ることになると思います。

世の中に、変化しないものはありません。
大切なのは、変化を拒絶するのではなく、
どんな変化にも
動じない心を育てることです。

変化を受け入れて動じない心を持つ

私たちが暮らしている社会は、常に変化し続けています。同じような日々が続いているように見えても、昨日と今日では必ず変化しています。この世に常なるものなどないからです。

会社が倒産して職を失ったり、身近な人の死を経験するなど、想像をはるかに超えた変化に見舞われることもあります。

しかし、そんなことで人生は終わりません。

会社がなくなったとしても、昨日とは違う日常になったとしても、生きている限り人生は続いていきます。

変化を受け止め、柔軟に対処していくために必要なことは、「動じない心」を持つことだと私は思っています。

「動揺する」という言い方がありますが、これは日常的に使われる言葉でしょう。その一方で「動じない」という言葉はあまり日常では使いません。

「動揺する」というのは、言ってみれば一瞬の心の動きを表わしています。これまで経験したことのないような出来事が起こったとき、大きな変化が突然、目の前にやってきたとき、私たちは動揺します。

そのような状態に陥ったとき、私たちは冷静に考えることができなくなります。いわゆる「頭が真っ白になる」という状態です。

「動じない心」とは、そうした動揺を心に留めないことです。

修行僧である雲水は、毎朝修行のために坐禅を組みます。このとき何も考えずいっさいの雑念を取り払うのですが、なかなかそのような完璧な状況には至りません。坐禅を組みながらも頭の中にはいろんなことが浮かんできます。

しかし、禅僧がいつも意識していることは、浮かんできた物事をそこに留めないようにすることなのです。

頭に浮かんできた考えや思いに、取り合わないということです。

私自身も一瞬の喜怒哀楽を心に留めないことを心がけています。喜びはプラスの感情ですが、喜びさえ留めておかないようにします。そんな習慣を身につけることで「動じない心」を養うことができるのです。

「柔軟心《にゅうなんしん》」という禅語があります。読んで字のごとく、柔らかな心を身につけるという教えです。

これは凝り固まった考え方をせず、変幻自在な心を持つということです。社会は常に変化しているのですから、私たちも変化していかなくてはならないのです。

楽すること、楽に生きることは、
幸せとは言えません。
なぜなら、
命を使い切っていないからです。

便利で楽な暮らしと幸せは別物

世の中はどんどん便利になってきました。昭和のはじめ頃は、雑巾を絞って家を掃除していましたが、いまは勝手にロボットが掃除してくれる時代です。

人工知能の発達により、私たちの生活が楽になるのは間違いありませんが、考えなければいけないことは、楽で便利になることが、幸せに直結するわけではない、ということです。

便利な道具に頼ることはいいでしょう。しかし、それが癖になってしまうと、あらゆることを「誰か」「何か」に依存しようとします。自分でなんとかしようと思うのではなく、「誰か」「何か」がやってくれるまで動こうとしない。

ですから、生活の中で不都合なことが起きたり、足りないことが出てきたとき、自分で解決しようとするのではなく、誰かがなんとかしてくれる、してもらわなければ困る、という考えに陥ってしまうのです。

便利な道具は、大げさに言うと、私たちの能力を奪うことにもつながっていきます。

いまの若い人たちは、きっと生まれたときから家に洗濯機があるでしょう。洗濯は、ただ洗濯機のボタンを押すだけです。もともと日本人は雑巾を絞るという器用さを持っていたのですが、その能力も使わなければ、やがて雑巾を絞ることもできなくなります。明らかにそれは退化と言えるのです。

私たち禅僧は、修行中毎朝必ず掃除をします。ほとんど一日も欠かすことなくそれぞれが決められた場所の掃き掃除や雑巾がけをします。真冬、手がしびれるような冷たい水で雑巾を絞り、全身を使って雑巾がけをします。毎日掃除をしているのですから、一日や二日くらい掃除をしなくても美しさは十分に保てます。しかし修行僧たちは欠かさず雑巾がけをするのです。それは、掃除をすることで自らの心をも磨いているからです。

真冬に雑巾を絞ることで水の冷たさがわかります。真夏に庭の掃除をすることで汗が吹き出て、夏の暑さを感じることができるのです。

自分の身体を通して感じ取ること、それこそが生きている実感になるのです。命の大切さに気づくことができるのです。

冬の寒さから逃れ、夏の暑さも寄せつけず、身体を動かさずにロボットにやってもらう。自分は何もすることなくただぼーっと座っている。これがいまの時代が向かっている方向なのです。

命がある限り、あなたの役割がある

健康で動く身体を持っていながら、「何もすることがない」と愚痴を言っている人がいますが、これは、せっかくの命を無駄にしているのと同じではないでしょうか。

いまは「何もすることがない」と言いながらも暮らしていける時代です。しかし、かつては「何か」をしなければ生活は成り立ちませんでした。

私の幼少期には、いま私が住職を務めているこの建功寺でも、薪《まき》を燃やしてかまどでご飯を炊いていました。私も幼いながらも薪を窯にくべる手伝いをしていました。いまとなっては大変懐かしい思い出です。

このように、誰もが生きるために何らかの役割を果たしていました。

ところが現代では、生活するために与えられた役割はとても少なくなっています。

自分がやるべきことを自分の力で探す努力をしなければ、「何もすることがない」という状況に陥ってしまうのです。

「一日不作　一日不食（一日作《な》さざれば、一日食らわず）」という有名な百丈《ひゃくじょう》禅師の言葉があります。これは「働かざる者食うべからず」と同義にされがちですが、まったく違います。

働くということは、何かを生み出したりすることだけではありません。人間にはそれぞれに与えられた成すべき役割があります。自らに与えられた役割とは何かを考えることです。そしてその役割を果たすべく行動を起こすことです。

もうひとつ言えば、人間には大いなる能力が備わっています。

私たちは本来持っている能力の二〜三割しか発揮していないと言われています。自分には大して能力などないと思っている人は、何かに依存しているからです。自分でやるべきことを探そうとせず、誰かの指示を待っているという人です。

「自分の能力を誰も認めてくれない」「自分の力が発揮できないのは環境が悪いから」

などと言い訳して、一歩踏み出す勇気を持たずにいるのではないでしょうか。

与えられた命を使い切ることです。

人間には「定命《じょうみょう》」があります。それぞれに与えられた命があるのです。一〇〇年という人もいれば、三〇年の人もいます。命の長さは人それぞれですが、与えられた役割はみな同じ価値を持っているのです。

価値がない人、役割のない人などひとりもいません。依存心を捨て、ひとりの覚悟を持って生きることです。

賢い馬は、鞭《むち》で打たれる前に走り、
鈍い馬は、鞭で打たれて
痛いと感じてから走ります。
賢い人間は、病気になる前に
命の尊さを知り、鈍い人間は、
死に触れてはじめて死を知ります。

いま生きているという奇跡

「山僧活計茶三畝《さんそうがかっけいちゃさんぽ》　漁夫生涯竹一竿《ぎょふのしょうがいたけいっかん》」という禅語があります。これを直訳すると「禅僧はお茶の畑が三畝あれば生活ができ、漁夫は釣竿《つりざお》が一本あれば、生きていくことができる」というものです。

つまり、余計なものを増やしてばかりいては、道を究めることができない、という意味です。

この言葉は、人間が生きていくために真に必要な物はとても少なく、それを見極めることこそが大事なのだと解釈をすることができます。

自分にとっていちばん大切なものとは何か。私はそれを修行時代に見つけることができました。禅僧となるための雲水の修行期間は決められているものではなく、三年で雲水を終える人もいれば一年で終える人、また一〇年も費やす人もいます。この修行はとても厳しいもので、修行に入った直後に多くの雲水が脱落していきます。

毎朝四時には起床し、坐禅を組んで朝課でお経をあげます。それから各お堂や庭の掃除に取りかかります。真冬でも裸足ですから、その寒さは言葉では言い表わせないほどです。それでも、修行を重ねていくうちに、真冬の寒さ、日照りの暑さにも耐えられる強さが養われます。

雲水になりたての頃、もっともつらいのは、早起きや掃除、厳しい坐禅などではなく、食事の量の少なさでした。基本的には一汁一菜。朝ご飯はお粥と香菜、いわゆるたくわんが二切れほどです。夕食にも肉や魚が出ることはありません。一日の総摂取カロリーは七〇〇キロカロリーほどで、これは成人男性に必要とされるカロリーの四分の一くらいです。これが三六五日続きます。

私が修行したのは食欲が旺盛な二〇代でしたから、それは空腹などという生やさしいものではありませんでした。ほとんどの雲水は修行がはじまってから一か月もすると、脚気《かっけ》や栄養失調に罹ります。しかし、この段階でドクターストップがかかる修行僧は一人もいません。修行を続けていくうちに、身体が慣れて自然と治っていくのです。

私は脚気にこそ罹りませんでしたが、栄養失調の症状には襲われました。栄養失調になると、もうそれまでのような空腹など感じることはなかったように思います。ただ頭がぼーっとしてきて、お経をあげているときもただただ朦朧《もうろう》としている感じでした。

やがて両足が血行不良になって紫色になり、しびれて感覚がなくなり、思うように足が動かないという状態にまでなりました。自分の足でありながら、まるで自分の足でないような感覚でした。何もない平坦な道で転んだことも幾度となくありました。もしかしたら自分も脱落してしまうかもしれない。そんな恐怖に襲われたものです。

この雲水時代に、私ははっきりと「一本の竿」を意識したのです。自分にとっていちばん大切なものとは何か。人間にとっていちばん大切なものとは何か。それはいま、こうして生きていることなのだ、ということを身体で感じたのです。

幼い子どもを亡くされたお父さんが、私にこう言いました。

「仕事の成功こそが自分の人生だと信じていたけれど、そんなものなどどうでもいい。お金や地位なんていらない。家なんて売ってしまっても構わない。自分の命さえいらない。だから、どうかこの子の命を助けてください。私はそう祈り続けていました」

いま、こうして生きていることが、どれほど幸せなことなのか。そして、それがど

れほど奇跡的なことなのか。命を大切に思う気持ちを忘れてはいけないのです。

その大切さを忘れ、生きていることが当たり前だという不遜《ふそん》な考えを抱いたとき、私たちは不必要な欲望にとらわれてしまうのです。

欲望のおもむくままに生きることは、不要な「竿」をかき集めるようなものです。余計な竿に埋もれて、本当に大切な竿を見失ってしまう、ということになるでしょう。自分にとっていちばん大切なもの、それを見失ったとき、私たちは人生に迷ってしまうのです。

感謝を持って生きる

「生老病死《しょうろうびょうし》」という言葉があります。人間はこの世に生まれ、年を取って病を患《わずら》い、そして死んでいく。お釈迦様はこの「生老病死」のたとえとして「四馬《しめ》」という話をされています。

「馬の中にも賢い馬と、そうでない鈍感な馬がいる。いちばん賢い馬というのは、人間が鞭を振り下ろそうとしたその瞬間に、足下に映る人間の影を見るだけで走り出す馬だ。次に賢い馬というのは、人間が振り下ろした鞭が、ほんの少し尻尾に触れた瞬間に走り出す。あまり賢くない馬は、鞭が自分の尻にパチンと当たった瞬間に気がついて走り出す。そしてもっとも愚かで鈍感な馬というのは、鞭が尻に当たり、痛いと感じてから走り出す。生老病死もまたこれと同じなのだ」

これを人に当てはめるなら、もっとも賢い人間は、元気に生きているときにこそ死を考え、常に命に感謝をしながら日々を送っているということ。

次に賢い人間とは、自分が年老いてから死を考え、自分に死が近づいていることを意識しはじめます。

鈍感な人間は、重い病気に罹り、死が目前に迫ってからはじめて死を意識します。

そしてもっとも鈍感な人間は、自分の肉親の死に触れて、やっと人間は死ぬものだと理解します。

人間はやがて死を迎えます。死があるからこそ生の喜びがあるのです。命の大切さを常に実感することで、きっとあなたの「一本の竿」は見つかると思います。

あなたにとっての「一本の竿」は何でしょうか。

あとがき

「諸行無常」。この世のものはすべて移り変わっています。常なるものなど何ひとつありません。それが仏教の基本的な考え方です。

世の中は常に変化し続けています。それはいまも昔も同じではありますが、変化するスピードは、昔とは比較にならないほど速くなっています。

世の中が変化するということは、すなわち不安定だということです。もちろん私たちにとって歓迎すべき変化もありますが、受け入れ難い変化もあります。予想もできなかった災害が襲ってくることも、人間の存在を脅《おびや》かすような病が流行することもあるでしょう。

周りの変化についていけなくなると、人はたちまち不安に襲われます。自分だけが取り残されているような気になってくるのです。自分はなんて情けなく、能力のない人間なのだろうか、という気持ちが湧いてくることもあるでしょう。

それでも私たちは生きていかなくてはなりません。生きることを諦めてしまってはいけないのです。

「水急不月流（水急にして月を流さず）」という禅語があります。どんなに川の水の流れが急であっても、水面に映っている月影は流されることはない。直訳すればそういう意味になります。

ここで言うところの水の流れとは、世の中で起きている様々な変化を表わしています。そして水面に映った月影というのは、自分自身の心を表わしています。たとえ世の中がどのように変化したとしても、それに流されることのない自分自身を持つこと。その心がけこそが大事だと説いた言葉です。

変化を前にたたずんでいるのは、あなたひとりではありません。

もし抱えきれない不安が襲ってきたのであれば、心の支えとなる人を持ってください。それは現実に生きている人だけでなく、この世を去ってしまった父や母でも構わないと思います。あなたを支えてくれる存在は必ずいます。そういう意味では、あなたはけっしてひとりではありません。

そしていま、孤独を感じて自分はひとりぼっちだと思っている人もいるでしょう。ひとりぼっちなのはあなただけではありません。言うなれば、誰もがみんなひとりであり、そして誰もがひとりでも大丈夫なのです。

ひとりでも大丈夫。

それは、自分はどのように生きたいかを考え直すことで、確信となってあなたの胸に迫ってくるでしょう。

川面《かわも》に映る月影を見つけてください。揺らぐことのない自分の心を見つめてください。自分にとっていちばん大切にしなければならないもの、それを見つけたとき、もう世間の水に流されることはなくなるのですから。ひとりでも大丈夫だと思えるあなたがそこにはいます。

合　掌

令和二年七月吉日

建功寺方丈にて　枡野俊明

枡野俊明（ますの しゅんみょう）

１９５３年神奈川県生まれ。曹洞宗徳雄山建功寺住職、庭園デザイナー、多摩美術大学環境デザイン学科教授。大学卒業後、大本山總持寺で修行。禅の庭の創作活動を行い、国内外から高い評価を得る。芸術選奨文部大臣新人賞を庭園デザイナーとして初受賞。ドイツ連邦共和国功労勲章功労十字小綬章を受章。２００６年『ニューズウィーク』日本版「世界が尊敬する日本人１００人」に選出される。おもな作品にカナダ大使館庭園、セルリアンタワー東急ホテル日本庭園など。おもな著書に『禅―シンプル発想術』『心がやすらぐお別れの心得』『人生でいちばん大切なこと』『流されて生きなさい』『シンプルな人は、いつも幸せ』（以上廣済堂出版）など多数。

ひとりでも大丈夫

2020年8月3日　第1版第1刷

著　者　枡野俊明
発行者　後藤高志
発行所　株式会社 廣済堂出版
〒101-0052 東京都千代田区神田小川町 2-3-13 M&Cビル7F
電話 03-6703-0964（編集）
03-6703-0962（販売）
Fax 03-6703-0963（販売）
振　替　00180-0-164137
URL　https://www.kosaido-pub.co.jp

印刷・製本　株式会社 廣済堂
ISBN 978-4-331-52303-2 C0095